Phèdre (1677)

RACINE

**Lectures méthodiques
Commentaires composés**

GISÈLE GUILLO
agrégée de l'Université

SOMMAIRE

- 1. **Acte I, scène 1** (Vers 73 à 107)
  LECTURE MÉTHODIQUE 3
- 2. **Acte I, scène 3** (Vers 269 à 316)
  LECTURE MÉTHODIQUE 10
- 3. **Acte II, scène 5** (Vers 631 à 664)
  LECTURE MÉTHODIQUE 19
- 4. **Acte II, scène 5** (Vers 670 à 711)
  COMMENTAIRE COMPOSÉ 26
- 5. **Acte IV, scène 2** (Vers 1044 à 1076)
  LECTURE MÉTHODIQUE 34
- 6. **Acte IV, scène 6** (Vers 1225 à 1252)
  LECTURE MÉTHODIQUE 42
- 7. **Acte IV, scène 6** (Vers 1257 à 1294)
  LECTURE MÉTHODIQUE 50
- 8. **Acte V, scène 6** (Vers 1498 à 1526)
  LECTURE MÉTHODIQUE 58
- 9. **Acte V, scène 6** (Vers 1527 à 1560)
  LECTURE MÉTHODIQUE 65
- 10. **Acte V, scène 7** (Vers 1622 à 1654)
  COMMENTAIRE COMPOSÉ 72

© HATIER, PARIS FÉVRIER 1994   ISSN 0750-2516   ISBN 2-218-**06929-6**
Toute représentation, traduction, adaptation ou reproduction, même partielle, par tous procédés, en tous pays, faite sans autorisation préalable est illicite et exposerait le contrevenant à des poursuites judiciaires. Réf. : *loi du 11 mars 1957*, alinéas 2 et 3 de l'article 41.
Une représentation ou reproduction sans autorisation de l'éditeur ou du Centre Français d'Exploitation du droit de Copie (3, rue Hautefeuille, 75006 Paris) constituerait une contrefaçon sanctionnée par les articles 425 et suivants du Code Pénal.

Acte I, scène 1
(vers 73 à 107)

HIPPOLYTE.
  [...]
  Attaché près de moi par un zèle sincère,
  Tu me contais alors l'histoire de mon père.
75 Tu sais combien mon âme, attentive à ta voix,
  S'échauffait au récit de ses nobles exploits,
  Quand tu me dépeignais ce héros intrépide
  Consolant les mortels de l'absence d'Alcide[1],
  Les monstres étouffés et les brigands punis,
80 Procuste, Cercyon, et Scirron, et Sinnis[2],
  Et les os dispersés du géant d'Épidaure[3],
  Et la Crète fumant du sang du Minotaure[4].
  Mais quand tu récitais des faits moins glorieux,
  Sa foi[5] partout offerte et reçue en cent lieux ;
85 Hélène[6] à ses parents dans Sparte[7] dérobée ;
  Salamine[7] témoin des pleurs de Péribée[8] ;
  Tant d'autres, dont les noms lui sont même échappés,
  Trop crédules esprits que sa flamme a trompés :
  Ariane[9] aux rochers contant ses injustices,
90 Phèdre enlevée enfin sous de meilleurs auspices[10] ;

---

1. Autre nom d'Héraclès (ou Hercule pour les Romains), célèbre héros qui fut un temps captif chez la reine Omphale.
2. Monstrueux brigands qui torturaient et tuaient les voyageurs.
3. Périphétès.
4. Monstre né de Pasiphaé, femme du roi de Crète. Les Athéniens devaient lui sacrifier chaque année des garçons et des filles.
5. Engagement de sincérité et de fidélité.
6. Future héroïne de la guerre de Troie.
7. Sparte, Salamine, Épidaure : cités de la Grèce continentale.
8. Femme du roi de Salamine, séduite par Thésée.
9. Fille du roi de Crète. Après avoir aidé et suivi Thésée, elle fut abandonnée par lui sur l'îlot de Naxos.
10. Sous de meilleurs présages.

> Tu sais comme à regret écoutant ce discours,
> Je te pressais souvent d'en abréger le cours,
> Heureux si j'avais pu ravir à la mémoire
> Cette indigne moitié d'une si belle histoire !
> 95 Et moi-même, à mon tour, je me verrais lié[11] ?
> Et les Dieux jusque-là m'auraient humilié ?
> Dans mes lâches soupirs[12] d'autant plus méprisable,
> Qu'un long amas d'honneurs rend Thésée excusable,
> Qu'aucuns monstres par moi domptés jusqu'aujourd'hui
> 100 Ne m'ont acquis le droit de faillir comme lui.
> Quand même ma fierté[13] pourrait s'être adoucie,
> Aurais-je pour vainqueur[14] dû choisir Aricie ?
> Ne souviendrait-il plus à mes sens égarés
> De l'obstacle éternel qui nous a séparés ?
> 105 Mon père la réprouve ; et par des lois sévères
> Il défend de donner des neveux[15] à ses frères :
> D'une tige coupable il craint un rejeton ;

LECTURE MÉTHODIQUE

INTRODUCTION

Situation du passage

Cette première scène est riche d'éléments d'exposition destinés à familiariser le spectateur avec l'intrigue et les personnages. Il s'agit d'une longue conversation entre Hippolyte et son confident Théramène. Dans le passage qui précède notre extrait, Hippolyte s'est inquiété de la longue absence de son père, Thésée. Il vient d'annoncer qu'il part à sa recherche. Mais Théramène a deviné qu'il veut surtout fuir Aricie dont il est amoureux.

---

11. Il s'agit des liens de l'amour.
12. Soumission amoureuse contraire à la dignité.
13. Farouche refus d'aimer.
14. Désigne la femme qui a su soumettre son soupirant.
15. Des descendants.

Mouvement du texte

Hippolyte considère successivement deux aspects opposés de la vie de Thésée : d'abord les exploits (v. 73-82), ensuite les aventures amoureuses (v. 83-94). Enfin, il s'interroge sur lui-même : il ne se reconnaît ni le droit d'être amoureux ni surtout celui d'être amoureux d'Aricie (v. 95-107).

Axes de lecture

Hippolyte paraît fasciné par Thésée ; en évoquant la vie de son père, il fait entrer l'épopée dans la tragédie : décor grandiose et aventures exceptionnelles. Mais Hippolyte rappelle aussi le double aspect de la personnalité paternelle : héros et séducteur. Enfin, il confie à Théramène les raisons pour lesquelles, selon lui, l'amour lui est interdit.

1. L'ÉPOPÉE DANS LA TRAGÉDIE

La tirade d'Hippolyte entraîne le spectateur dans la Grèce des légendes et de l'épopée. La caractéristique du genre épique étant d'agrandir et d'embellir le réel, de chanter les héros et de célébrer leurs exploits, on peut rapprocher le discours du jeune prince d'une épopée en miniature. En effet, par la magie des noms (de lieux, de personnages), surgit un décor aux dimensions grandioses. Et ce décor est un cadre à la mesure des hauts faits de Thésée qui, par ses aventures exceptionnelles, s'impose comme un personnage hors du commun.

Un décor grandiose

Hippolyte énumère, explicitement ou par allusion, tous les lieux où Thésée a laissé sa trace, Épidaure, Sparte, Salamine, mais aussi d'autres cités hantées par le souvenir de ceux qu'il a combattus victorieusement ; c'est ainsi que le nom de Cercyon évoque Éleusis, celui de Scirron Mégare, celui de Sinnis Corinthe. On voit s'esquisser les contours des îles grecques, ceux de la Crète d'où vient Phèdre, ceux de Naxos où gémit Ariane. Autant de sonorités exotiques qui emmènent le spectateur à travers l'espace et le temps dans des contrées fabuleuses où tous les exploits sont possibles. Certains noms suscitent des images particulièrement évocatrices :

> Et les os dispersés du géant d'Épidaure,
> Et la Crète fumant du sang du Minotaure (v. 81-82).

Ces deux vers suggèrent des visions en survol, invitent le regard à se déployer librement, à saisir en une seule image la mer, la Grèce entière avec ses archipels, ses îles.

Des aventures exceptionnelles

Thésée est évoqué comme un personnage isolé par sa propre grandeur, seul face à la foule (adversaires ou victimes). Plusieurs procédés concourent à donner cette impression.

On relève d'abord l'accumulation. L'énumération devient accumulation par l'emploi fréquent d'une « cheville », c'est-à-dire d'un mot outil, sans utilité pour le sens, mais très efficace pour créer un effet d'entassement. Il s'agit, dans notre passage, de la conjonction « et » : on la retrouve à cinq reprises dans les vers 79 à 82, renforçant à chaque fois l'effet de nombre.

On note aussi le recours fréquent au pluriel (dit « pluriel épique »). Il sert à distinguer Thésée du commun des « mortels » (v. 78), des « monstres », des « brigands » (v. 79), de « Tant d'autres » (v. 87). Il sert aussi à souligner son activité, « ses nobles exploits » (v. 76), comme ses « faits moins glorieux » (v. 83).

Il faut enfin remarquer les hyperboles (ou exagérations expressives). En rappelant les « cent lieux » (v. 84) où Thésée a failli à ses serments d'amour et le « long amas d'honneurs » (v. 98), récompense de ses prouesses, Hippolyte met l'accent sur la richesse d'une existence hors du commun.

▬▬ 2. THÉSÉE HÉROS ET SÉDUCTEUR

La structure du passage distingue les deux composantes d'une renommée fondée, d'une part, sur de « nobles exploits » et, d'autre part, sur « des faits moins glorieux ». Toutefois, ces deux aspects de la vie de Thésée ne sont que relativement opposés. Comme on va le voir, ils contribuent tous les deux au prestige du personnage.

Le héros ou les « nobles exploits »

Hippolyte commence par rappeler de célèbres victoires de Thésée. En effet, celui-ci, selon la légende, quitta tout jeune Trézène où il avait été élevé. Il partit pour Athènes se faire reconnaître par le roi, son père ; et, en chemin, il dut combattre Procuste, Cercyon, Scirron, Sinnis ainsi que Périphétès, « le géant d'Épidaure ». Tous ces personnages jouent un rôle similaire dans des anecdotes légendaires, identiques à des détails près. Ils sont à la fois des « brigands » car ils attaquent les voyageurs, et des « monstres » (v. 79) par la cruauté des supplices qu'ils leur font subir. Ils sont « punis » car Thésée leur inflige les mêmes traitements qu'ils réservaient à leurs propres victimes.

Quant à la victoire sur le Minotaure, le plus fameux des exploits de Thésée, elle met en évidence le lien existant entre les actes de bravoure et les entreprises de séduction. C'est parce qu'il sut plaire à Ariane que le héros parvint à sortir sain et sauf de cette aventure. En effet, le Minotaure (mi-homme, mi-taureau) était enfermé dans le Labyrinthe, palais à l'architecture si compliquée que l'on ne pouvait jamais en trouver la sortie. Thésée s'illustra doublement : il séduisit Ariane qui lui confia une pelote de fil et il tua le Minotaure ; enfin, grâce au fil qu'il déroulait derrière lui, il retrouva l'issue du Labyrinthe.

Rappeler ces victoires c'est, de la part d'Hippolyte, glorifier la renommée paternelle, consacrer Thésée comme justicier, en faire un vengeur de ceux qui périssent par la force bestiale.

Le séducteur ou les « faits moins glorieux »

Ces faits recouvrent quelques-unes des conquêtes féminines de Thésée, véritable Don Juan de l'Antiquité. Hippolyte cite Hélène (enlevée tout enfant à la suite d'un pari fait avec Pirithoos, compagnon d'aventures), Péribée et Ariane (séduites puis abandonnées), Phèdre ; encore faudrait-il ajouter Antiope, la « mère amazone »[1] d'Hippolyte et

> tant d'autres dont les noms lui sont même échappés
> (v. 87).

---

[1]. Antiope, Reine ou Princesse, selon les versions, d'une peuplade féminine qui excluait les hommes. Séduite par Thésée, elle donna le jour à Hippolyte avant d'être, à son tour, abandonnée.

Hippolyte déplore ces aventures indignes d'un héros ; mais il trouve à son père des circonstances atténuantes ; il fait la part de la naïveté des femmes, « Trop crédules esprits » (v. 88). Et, surtout, dit-il, les actions d'éclat accomplies par Thésée autorisent ces faiblesses, les rendent excusables (cf. v. 98).

Enfin, Hippolyte a beau s'en défendre, on le sent impressionné par les conquêtes amoureuses de Thésée. Cela se devine dans la prétérition[1] des vers 91 à 94 : il affirme avoir toujours voulu effacer le souvenir des aventures galantes de son père, mais il s'y attarde longuement lui-même (douze vers alors qu'il en a consacré dix aux exploits). En réalité, admettre que Thésée triomphe aussi facilement des femmes que des monstres, c'est lui reconnaître implicitement un pouvoir invincible. Ainsi, pour Hippolyte, malgré ce qu'il affirme, le séducteur ne dépare pas vraiment le héros ; tout au plus s'agit-il des deux faces complémentaires d'une personnalité d'exception.

3. HIPPOLYTE OU L'AMOUR INTERDIT

Dans cette première scène où il se confie à Théramène, Hippolyte annonce à plusieurs reprises son intention de partir. Mais, sur les raisons de ce départ, il apparaît fort indécis. Est-ce comme il le dit au vers 138 pour rechercher son père ? Ou, comme il l'a avoué au vers 50, pour fuir Aricie ? Ce qui ressort de ces contradictions, c'est qu'Hippolyte a la conviction qu'il n'a pas le droit d'aimer : l'amour lui est interdit par Thésée qui est, à la fois, un père écrasant et un roi absolu.

Thésée, père écrasant et castrateur

Hippolyte évoque sa jeunesse et rappelle le rôle que la figure paternelle a joué dans son éducation. Son enfance a été bercée par « l'histoire » de Thésée (v. 74). Et, en imagination, il s'est projeté dans ce personnage comme le montrent ses réactions

---

[1]. Figure de style qui consiste à parler de ce qu'on prétend passer sous silence.

excessives et sans nuance. Le père héroïque l'a empli d'une admiration sans bornes :

> Tu sais combien mon âme, attentive à ta voix,
> S'échauffait au récit de ses nobles exploits (v. 75-76).

En revanche, le père, séducteur incorrigible, a suscité chez Hippolyte une réprobation qui fait de l'amour une faiblesse honteuse, une faute. Accepter d'aimer revient à se sentir « humilié » (v. 96), « méprisable » (v. 97). Ainsi la figure paternelle a fonctionné comme un modèle idéal, impossible à égaler dans l'aventure héroïque, et comme un exemple de ce qui est moralement interdit dans le domaine de l'amour.

Thésée, roi absolu

Thésée est le père mais il est aussi le roi. À ce double titre, il exerce sur Hippolyte un pouvoir total. Détenteur de l'autorité, il peut édicter des « lois », « réprouve[r] » (v. 105), « défend[re] » (v. 106). Or, il interdit tout mariage à Aricie dont Hippolyte est amoureux. En effet, cette princesse est la seule survivante de la branche des Pallantides qui a autrefois disputé le trône d'Athènes à Thésée. En conséquence, celui-ci veut que cette lignée familiale s'éteigne à jamais. On comprend dès lors qu'Hippolyte se sente coupable et que l'amour lui paraisse un manquement à son devoir de fils et de prince. Les formules interrogatives, fréquentes à partir du vers 95, ne contiennent pas de vraies questions : Hippolyte se condamne. Les vers 103 et 104 expriment sa soumission. Il a admis que céder à l'amour, c'est enfreindre la volonté royale. « L'obstacle éternel » (v. 104) qui le sépare d'Aricie est, pour lui, la certitude que l'amour lui est à jamais interdit.

■■■ CONCLUSION

Cet extrait de la première scène se présente comme un moment de poésie épique : pendant quelques instants, l'imagination est entraînée hors du champ clos où vont s'affronter les passions. C'est également un début d'exposition qui initie le spectateur aux relations complexes qu'Hippolyte entretient avec son père. Enfin, ce passage introduit le motif de l'amour interdit auquel, à la scène 3 de l'acte I, Phèdre va donner toute son ampleur.

2 Acte I, scène 3
(vers 269 à 316)

PHÈDRE.
   Mon mal vient de plus loin. À peine au fils d'Égée[1]
270 Sous les lois de l'hymen[2] je m'étais engagée,
   Mon repos, mon bonheur semblait être affermi ;
   Athènes me montra mon superbe ennemi.
   Je le vis, je rougis, je pâlis à sa vue ;
   Un trouble s'éleva dans mon âme éperdue ;
275 Mes yeux ne voyaient plus, je ne pouvais parler ;
   Je sentis tout mon corps et transir et brûler.
   Je reconnus Vénus[3] et ses feux redoutables,
   D'un sang qu'elle poursuit, tourments inévitables.
   Par des vœux assidus je crus les détourner :
280 Je lui bâtis un temple, et pris soin de l'orner.
   De victimes moi-même à toute heure entourée,
   Je cherchais dans leurs flancs ma raison égarée.
   D'un incurable amour remèdes impuissants !
   En vain sur les autels ma main brûlait l'encens[4] :
285 Quand ma bouche implorait le nom de la Déesse,
   J'adorais Hippolyte ; et, le voyant sans cesse,
   Même au pied des autels que je faisais fumer,
   J'offrais tout à ce dieu que je n'osais nommer.
   Je l'évitais partout. Ô comble de misère !
290 Mes yeux le retrouvaient dans les traits de son père.
   Contre moi-même enfin j'osai me révolter :
   J'excitai mon courage à le persécuter.
   Pour bannir l'ennemi dont j'étais idolâtre,

---

1. Périphrase désignant Thésée.
2. Mariage dans le langage de la poésie.
3. Vénus (Aphrodite chez les Grecs) : déesse de l'amour.
4. Parfum brûlé en hommage à la divinité.

J'affectai les chagrins[5] d'une injuste marâtre[6] ;
295 Je pressai son exil[7], et mes cris éternels
L'arrachèrent du sein et des bras paternels.
Je respirais, Œnone ; et, depuis son absence,
Mes jours moins agités coulaient dans l'innocence.
Soumise à mon époux, et cachant mes ennuis[8],
300 De son fatal hymen je cultivais les fruits[9].
Vaines précautions ! Cruelle destinée !
Par mon époux lui-même à Trézène[10] amenée,
J'ai revu l'ennemi que j'avais éloigné :
Ma blessure trop vive aussitôt a saigné.
305 Ce n'est plus une ardeur dans mes veines cachée :
C'est Vénus toute entière à sa proie attachée.
J'ai conçu pour mon crime une juste terreur ;
J'ai pris la vie en haine, et ma flamme en horreur.
Je voulais en mourant prendre soin de ma gloire[11],
310 Et dérober au jour une flamme si noire :
Je n'ai pu soutenir tes larmes, tes combats ;
Je t'ai tout avoué ; je ne m'en repens pas,
Pourvu que, de ma mort respectant les approches,
Tu ne m'affliges plus par d'injustes reproches,
315 Et que tes vains secours cessent de rappeler
Un reste de chaleur[12] tout prêt à s'exhaler.

---

5. Ici, malveillance allant jusqu'à l'hostilité.
6. Belle-mère animée de sentiments hostiles envers son beau-fils ou sa belle-fille.
7. Phèdre indique ainsi qu'elle n'a cessé d'intervenir pour éloigner Hippolyte au plus vite.
8. Tourments.
9. J'élevais mes enfants (Phèdre en avait eu deux de son mariage avec Thésée).
10. Port d'Argolide où Thésée avait été élevé.
11. Sauvegarder ma réputation.
12. Un reste de vie.

LECTURE MÉTHODIQUE

INTRODUCTION

Situation du passage

On savait (acte I, scènes 1 et 2) Phèdre tout près de mourir. En effet, à la scène 2, elle semble parvenue au « terme fatal » (v. 144), et à la scène 3, tourmentée par de « honteuses douleurs » (v. 183). Après avoir résisté à Œnone qui la presse de révéler son mal, Phèdre livre enfin son terrible secret : elle se consume d'amour pour Hippolyte, le fils que son époux Thésée a eu d'un premier mariage. Et c'est, devant Œnone horrifiée, la mise à nu d'un cœur en proie aux tourments d'une passion aussi coupable que violente.

Mouvement du texte

Le passage évoque successivement trois étapes dans l'itinéraire intérieur de Phèdre. C'est d'abord, à Athènes, la première rencontre avec Hippolyte et le coup de foudre (v. 269-290). C'est ensuite la lutte contre elle-même et l'exil du jeune prince (v. 291-300). C'est enfin l'arrivée à Trézène, la deuxième rencontre avec Hippolyte et la défaite devant une passion insurmontable (v. 301-316).

Axes de lecture

Cette longue confession est la mise en récit des sentiments de Phèdre qui, en même temps qu'elle relate des événements, livre le fond de son cœur. Tout en se confiant, elle brosse une peinture très noire de la passion et de ses ravages. Enfin, nous assistons à un moment capital de l'exposition : on voit se nouer l'intrigue et on en discerne les enjeux tragiques.

1. UNE MISE EN RÉCIT

Le récit, dans la tragédie classique, était en principe banni. On le tolérait cependant à condition qu'il fût indispensable à la compréhension de l'intrigue. C'est le cas ici. Phèdre raconte pourquoi et comment elle est arrivée à cet état qui lui fait désirer de mourir. On examinera d'abord la structure du récit et on verra ensuite en quoi celle-ci contribue à expliquer le désespoir de Phèdre.

La structure du récit

Pour analyser l'origine de son « mal » (v. 269), Phèdre effectue un retour en arrière. Elle suit le déroulement chronologique des événements qui l'ont amenée au seuil de la mort. Son récit comporte une série de séquences aisément repérables.

– Dans les vers 269 à 271, Phèdre évoque les premiers moments de sa vie conjugale : le « repos », c'est-à-dire l'absence de toute émotion forte, y tient lieu de « bonheur ».

– Les vers 272 à 278 décrivent les effets du coup de foudre : la passion est immédiate, brutale, irrémédiable :

> Athènes me montra mon superbe ennemi.

– Dans les vers 279 à 296, Phèdre détaille les moyens successivement et vainement mis en œuvre pour endiguer la passion : d'abord les pratiques religieuses puis l'exil d'Hippolyte.

– Les vers 297 à 300 correspondent à une période de soulagement relatif (« Je respirais, Œnone »). Mais le « repos » s'est mué en « jours moins agités », le « bonheur » a cédé la place aux « ennuis ».

– Les vers 301 à 306 commentent la deuxième rencontre avec Hippolyte et marquent un degré supplémentaire dans la passion :

> Ce n'est plus une ardeur [...] / C'est Vénus toute entière [...]

– Les vers 307 à 316 narrent une période de lutte, aussi inutile que la précédente. Phèdre ne voit plus qu'une issue : la mort.

Le désespoir de Phèdre

À partir de l'alternance des séquences, on peut faire plusieurs observations.

On constate d'abord la brièveté des évocations de la vie conjugale. Phèdre s'y attarde peu, ne fait que de rares allusions à son époux (le « fils d'Égée », v. 269 ; « mon époux », v. 302), encore moins à ses enfants mentionnés une seule fois au vers 300 ; dans ce même vers, elle qualifie son « hymen » (son mariage) de « fatal » (amenant le malheur). On devine que cette existence d'épouse et de mère est sans joie, vécue avec résignation. Par contraste, les deux moments où Phèdre est mise en présence d'Hippolyte sont des instants déterminants. C'est à partir de ces deux rencontres que se construit son destin.

On peut noter encore l'importance accordée aux tentatives pour surmonter cet amour. L'énergie dépensée en efforts inutiles, les souffrances endurées, tout cela se déchiffre dans le nombre de vers consacrés à les raconter : vingt-huit (v. 279-296 et 307-316). L'existence de Phèdre a trouvé son véritable sens à partir du moment où elle a éprouvé l'amour mais cette existence est devenue un combat perdu d'avance.

On peut enfin remarquer que les événements se répètent ; à Athènes puis à Trézène se produit le même enchaînement : au calme succèdent la rencontre avec Hippolyte, puis le combat et enfin la souffrance dévastatrice. Par ce processus, le pathétique devient poignant. On voit que Phèdre est engagée dans une spirale de la passion et de la souffrance qui ne lui laisse aucun espoir.

2. UNE PEINTURE DE LA PASSION

La passion est décrite « de l'intérieur ». Dans la confession de Phèdre, l'amour passionné apparaît comme un dangereux égarement qui exclut la raison, comme une maladie exerçant ses ravages sur le physique et sur le moral. Pourtant la confidence, même lorsqu'elle plonge au plus intime de l'être, conserve cette noblesse de ton qui convient aux héros de tragédie. L'art de Racine consiste à prêter à son héroïne un langage où la passion s'exprime dans la force des images et dans la précision des descriptions.

La force des images

Pour désigner ce qu'elle éprouve, Phèdre utilise des images à la fois traditionnelles et originales ; ces images renvoient à trois domaines : l'atteinte physique (maladie/blessure), le feu, le péché.

Dès ses premiers mots, Phèdre opère une substitution frappante : « Mon mal vient de plus loin » (v. 269) ; en désignant l'amour comme un « mal », elle impose d'emblée le caractère douloureux de la passion. « Tourments inévitables » (v. 278) ajoute l'idée de supplice (du latin *tormentum*) ; « incurable amour » (v. 283) est encore plus net : l'adjectif emprunté au vocabulaire de la médecine présente l'amour comme une maladie rebelle aux « remèdes impuissants » (v. 283).

Le motif de la « blessure » associée au sang (« aussitôt a saigné », v. 304) suggère une plaie ouverte. Avec le vers célèbre :

> C'est Vénus toute entière à sa proie attachée (v. 306),

le cliché de la blessure amoureuse est réactivé par l'horreur. Vénus, la séduisante déesse de l'amour, devient ici une bête sauvage dont Phèdre est le gibier pantelant, dévorée vivante. Par sa cruauté, l'image rappelle le sens premier du mot « passion » : souffrance.

Le motif du feu associe la vision de la « flamme » (= l'amour) à la sensation de brûlure (« ardeur »). L'expression « feux redoutables » (v. 277) serait pauvre si l'adjectif ne faisait allusion au pouvoir de Vénus. Quant au mot « flamme », il est une première fois associé à « horreur » (v. 308), traduisant ainsi la terreur et l'aversion ; il est une seconde fois utilisé dans une expression saisissante, « une flamme si noire » (v. 310). L'image ainsi créée dissocie le feu de la réalité (la couleur rouge) pour l'associer symboliquement au noir qui, dans l'imaginaire collectif, représente le Mal. Ainsi s'effectue la liaison avec le thème du péché.

Ce thème n'est explicitement représenté que par un mot, « crime » (v. 307) ; mais on ne peut mieux exprimer le sentiment de culpabilité qui accable Phèdre ni mieux situer sa passion dans le domaine de l'interdit.

La précision des descriptions

Pour décrire les symptômes de son « mal », Phèdre use d'un langage plus dépouillé. Elle détaille avec précision les réactions qui, partant de la sensorialité, investissent rapidement l'être tout entier :

> Je le vis, je rougis, je pâlis à sa vue (v. 273).

La juxtaposition des trois verbes en asyndète (sans aucune liaison logique ni temporelle) exprime la rapidité des sensations. Les contrastes (« rougir »/« pâlir », v. 273, « transir »/« brûler »,

v. 276) rendent compte d'un désordre intérieur. Les forces se dérobent. L'intention ne commande plus l'action (« je ne pouvais parler », v. 275). Des troubles visuels apparaissent (« Mes yeux ne voyaient plus », v. 275) bientôt suivis d'obsessions (« le voyant sans cesse », v. 286).

Phèdre éprouve aussi l'impuissance de sa volonté ; son récit énumère ses combats en même temps qu'il en constate les échecs :

> En vain sur les autels ma main brûlait l'encens (v. 284).

Les actes sont démentis par les pulsions du cœur car le Moi est atteint dans son intégrité. Enfin, accablée par l'énormité de son crime, Phèdre s'abandonne au sentiment le plus destructeur, le dégoût de soi-même (« J'ai pris la vie en haine, et ma flamme en horreur », v. 308). Il ne lui reste qu'à mourir.

Ainsi l'aveu de Phèdre à Œnone impose-t-il une conception très pessimiste de la passion amoureuse.

3. UN MOMENT CAPITAL DE L'EXPOSITION

On sait qu'au théâtre, le premier acte fournit les éléments dits d'« exposition », éléments qui permettent au spectateur de connaître les personnages et de suivre les fils de l'intrigue. Ce passage assume cette double fonction. En effet, au moment où s'achève son aveu, nous connaissons tout de Phèdre qui apparaît comme une femme déchirée. D'autre part, c'est à partir de ce passage que se dévoile l'implacable cruauté de l'intrigue.

Une femme déchirée

Les confidences de Phèdre sont justifiées par les liens qui l'unissent à Œnone ; celle-ci a été sa nourrice, elle lui est entièrement dévouée, aussi est-il naturel que Phèdre lui livre le fond de son cœur.

À aucun moment on n'oublie que Phèdre est une figure légendaire, descendante d'une lignée divine. Toutefois, elle est très humaine par sa fragilité. Son union avec Thésée, son statut de reine ne l'ont aucunement préservée des tentations de l'adultère. Elle est torturée par son sens de la morale. Elle a conscience d'avoir commis une faute, ne serait-ce que par intention. Cependant, elle ne peut se dépeindre et se définir que comme une femme amoureuse, entièrement habitée par un amour non partagé et interdit. En effet, Hippolyte ignore tout de la passion qu'il a inspirée ; de surcroît, il ne peut nourrir que du ressentiment à l'encontre de cette « marâtre », épouse de son père, qui semble le persécuter. On comprend dès lors que Phèdre n'aspire qu'à s'échapper dans la mort.

L'implacable cruauté de l'intrigue

Les propos de Phèdre expliquent rétrospectivement les persécutions dont Hippolyte se croit la victime : c'est pour tenter de vaincre sa passion qu'elle a fait exiler le prince. Mais ce que le spectateur sait, et que Phèdre ignore, c'est qu'Hippolyte est lui-même amoureux d'Aricie (cf. v. 56), ce qui donne aux confidences de l'héroïne un aspect encore plus douloureux. Nous savons que son amour est absolument sans espoir.

Enfin, c'est dans cette scène que l'action se place sous le signe du tragique : avec Phèdre, nous prenons conscience du rôle que jouent les dieux dans le destin des personnages. En effet, elle a identifié sans hésiter la cause de ses malheurs :

> Je reconnus Vénus et ses feux redoutables,
> D'un sang qu'elle poursuit, tourments inévitables.
> (v. 277-278).

Il faut savoir que, petite-fille du Soleil par sa mère, Phèdre appartient à une famille – à un « sang » – que Vénus poursuit de sa haine. La cause de cette haine est qu'Apollon, dieu du Soleil, avait autrefois rendu publiques, en les éclairant, les amours clandestines de Vénus et de Mars. La déesse s'est d'abord vengée sur Pasiphaé, mère de Phèdre, en la rendant amoureuse d'un taureau. À présent, elle inspire à la fille une passion incestueuse.

Phèdre expie donc une faute qu'elle n'a pas elle-même commise.

CONCLUSION

Cet aveu de Phèdre, le premier, prend la forme d'un récit. Mais ce récit, loin d'être un moment statique, une suspension de l'action, est, au contraire, une étape de l'action ; car parler, fût-ce à sa nourrice, rompre le silence, c'est déjà donner une consistance au désir incestueux ; c'est commencer de transgresser l'interdit.

L'action a donc commencé. Elle est suspendue à la question : jusqu'où ira la transgression, ou, en d'autres termes, jusqu'à quel point Vénus exercera-t-elle sa vengeance ?

Si la réponse nous intéresse, c'est parce que Phèdre est apparue d'emblée comme un personnage profondément pathétique. Elle est bien telle que l'évoquait Hippolyte « La fille de Minos et de Pasiphaé » (v. 36), écartelée entre les exigences de sa conscience et les pulsions d'une passion coupable. Mais, dans son accablement et son désespoir, elle est, avant tout, une femme qui souffre. C'est pourquoi elle parle à notre sensibilité et émeut notre pitié.

3 Acte II, scène 5
(vers 631 à 664)

HIPPOLYTE.
  Je vois de votre amour l'effet prodigieux.
  Tout mort qu'il est, Thésée est présent à vos yeux ;
  Toujours de son amour votre âme est embrasée.
PHÈDRE.
  Oui, Prince, je languis, je brûle pour Thésée.
635 Je l'aime, non point tel que l'ont vu les enfers,
  Volage adorateur de mille objets[1] divers,
  Qui va du Dieu des morts déshonorer la couche[2] ;
  Mais fidèle, mais fier, et même un peu farouche,
  Charmant, jeune, traînant tous les cœurs après soi,
640 Tel qu'on dépeint nos Dieux, ou tel que je vous voi.
  Il avait votre port, vos yeux, votre langage,
  Cette noble pudeur colorait son visage,
  Lorsque de notre Crète[3] il traversa les flots,
  Digne sujet des vœux des filles de Minos[4].
645 Que faisiez-vous alors ? Pourquoi, sans Hippolyte,
  Des héros de la Grèce assembla-t-il l'élite ?
  Pourquoi, trop jeune encor, ne pûtes-vous alors
  Entrer dans le vaisseau qui le mit sur nos bords ?
  Par vous aurait péri le monstre de la Crète[5],
650 Malgré tous les détours de sa vaste retraite[6].

---

1. Femmes aimées.
2. Racine suit la tradition selon laquelle Thésée avait aidé son ami Pirithoos, dans sa tentative pour enlever Proserpine, épouse de Pluton (Hadès chez les Grecs).
3. Cette grande île grecque est la patrie d'origine de Phèdre.
4. Digne de l'amour d'Ariane puis de Phèdre, les deux « filles de Minos », roi de Crète.
5. Le Minotaure, mi-homme, mi-taureau (cf. note 4, p. 3).
6. Les pièges du Labyrinthe, palais du Minotaure (cf. texte 1, p.7).

> Pour en développer l'embarras incertain[7],
> Ma sœur du fil fatal eût armé votre main.
> Mais non, dans ce dessein je l'aurais devancée ;
> L'amour m'en eût d'abord inspiré la pensée.
> 655 C'est moi, Prince, c'est moi dont l'utile secours
> Vous eût du Labyrinthe enseigné les détours.
> Que de soins[8] m'eût coûtés cette tête charmante !
> Un fil n'eût point assez rassuré votre amante[9].
> Compagne du péril qu'il vous fallait chercher,
> 660 Moi-même devant vous j'aurais voulu marcher ;
> Et Phèdre au Labyrinthe avec vous descendue
> Se serait avec vous retrouvée, ou perdue.
>
> HIPPOLYTE.
>
> Dieux ! qu'est-ce que j'entends ? Madame, oubliez-vous
> Que Thésée est mon père, et qu'il est votre époux ?

LECTURE MÉTHODIQUE

INTRODUCTION

Situation du passage

Phèdre aime en secret son beau-fils Hippolyte et celui-ci n'en sait rien. Or, à la fin de l'acte I, on a annoncé la mort de Thésée, époux de Phèdre et père d'Hippolyte. Se croyant désormais libre, Phèdre accepte une rencontre avec Hippolyte. Mais, en proie à une émotion violente, elle domine de plus en plus mal son secret et va laisser échapper une brûlante déclaration d'amour.

---

7. Pour débrouiller l'écheveau inextricable de passages qui constituaient le Labyrinthe.
8. Soucis et précautions.
9. Femme qui aime et qui est aimée en retour.

Axes de lecture

Cet aveu, Phèdre le fait de façon insensible, détournée, en opérant peu à peu une substitution de personnages. Consciemment ou non, elle cède alors à l'imagination et se laisse aller à un véritable rêve. Mais un gouffre sépare les deux personnages et le face à face de Phèdre et d'Hippolyte est aussi le révélateur d'un dialogue impossible.

1. LA SUBSTITUTION DES PERSONNAGES

Phèdre semble évoquer son époux disparu mais elle esquisse, en fait, le portrait du jeune homme séduisant qui lui fait face. Puis, en imagination, elle prend la place de sa sœur Ariane qui fut jadis amoureuse de Thésée.

À deux reprises, on observe le même processus : la substitution des personnages prend appui sur le jeu subtil des affirmations et des négations ; elle se développe ensuite à travers le réseau des pronoms, des mots démonstratifs, possessifs. On glisse ainsi de Thésée à Hippolyte, d'Ariane à Phèdre.

De Thésée à Hippolyte

Le glissement s'effectue en trois temps.

– On relève d'abord une affirmation qui semble proclamer la fidélité conjugale : « Oui [...] je brûle pour Thésée. / Je l'aime » (v. 634-635).

– Mais cette affirmation est immédiatement démentie par la formule négative « non point tel... » (v. 635). Au moyen de cet artifice, le vrai Thésée, l'époux, est en quelque sorte renié. Les mots qui l'évoquent sont dévalorisants (l'adjectif « volage », le verbe « déshonorer »). L'allusion à l'épisode des « enfers » (v. 635-637) rappelle une piteuse mésaventure : après avoir échoué dans sa tentative d'enlever Proserpine, épouse du « dieu des morts », Thésée avait été retenu, de longs mois, dans une captivité peu glorieuse.

– L'affirmation initiale est enfin longuement rectifiée à partir de la formule « Mais [...] / Tel qu'on dépeint nos Dieux, ou tel que je vous voi » (v. 638-640).

Suit alors le portrait d'un Thésée que Phèdre n'a pu connaître (« jeune », v. 639), qui n'a jamais existé (« fidèle », v. 638) ; c'est le portrait d'un homme qui ressemble de plus en plus à Hippolyte.

D'Ariane à Phèdre

Le transfert est plus rapide.

Une première allusion, à la forme affirmative, est faite à propos du « fil fatal »[1] ; elle esquisse à peine la silhouette d'Ariane, (« Ma sœur », v. 652).

– La négation suit tout de suite : « Mais non » ; elle permet à Phèdre de se substituer à sa sœur : « je l'aurais devancée » (v. 653).

– Le « Je » est ensuite renforcé par les formes du pronom d'insistance : « C'est moi... » (v. 655).

Ainsi s'estompent les figures de Thésée et d'Ariane ; le « nous » qui représenterait le nouveau couple, Hippolyte et Phèdre, affleure sans cesse, sans jamais être prononcé. Mais il est nettement contenu dans la formule finale : « Et Phèdre [...] avec vous », amoureusement reprise aux vers 661 et 662.

2. DU RÉEL À L'IMAGINAIRE : LE RÊVE DE PHÈDRE

La substitution des personnages contribue à entraîner Phèdre sur les chemins du rêve. On la voit glisser peu à peu du réel à l'imaginaire ; et, en réinventant le passé, elle donne une signification nouvelle au mythe du Labyrinthe.

Du présent au passé

On remarque d'abord un déplacement du présent au passé. En effet, un changement de temps s'opère au vers 641 où débute l'emploi des imparfaits et des passés simples. Phèdre convoque

---

1. Le fil, fourni par Ariane à Thésée et grâce auquel celui-ci put sortir du Labyrinthe (*cf.* texte 1, p. 7).

ses souvenirs (les siens ou ceux d'Ariane, sa sœur). Puis, les formules interrogatives se pressent, traduisant le regret :

> Pourquoi, trop jeune encor, ne pûtes-vous alors
> Entrer dans le vaisseau qui le mit sur nos bords ?
> (v. 647-648).

À partir du vers 649, le passé n'est plus seulement évoqué ; il est recomposé. La fréquence des irréels du passé (on en relève dix en quatorze vers) est significative. Sous la forme conditionnelle (« Par vous aurait péri… ») ou subjonctive (« L'amour m'en eût d'abord inspiré… », v. 654), ils construisent la trame d'une belle histoire d'amour. En imagination, Phèdre a quitté Trézène où elle a tant souffert pour recréer spontanément les paysages maritimes de la Crète, là où tout pourrait recommencer.

Le mythe du Labyrinthe

Dans ce rêve, le Labyrinthe assume une fonction importante. Traditionnellement, il rappelle la victoire de Thésée sur le Minotaure, demi-frère monstrueux d'Ariane et de Phèdre. Évoqué ici, l'épisode légendaire devient plus ambigu.

La périphrase du vers 649, « le monstre de la Crète », retient d'abord l'attention. S'agit-il seulement du Minotaure ? L'expression pourrait aussi s'appliquer à Phèdre, crétoise d'origine et habitée par un amour contre nature et, par là même, monstrueux, d'autant qu'elle se désigne elle-même, à plusieurs reprises, comme un « monstre » (notamment à la fin de la scène, v. 701 et 703).

Ce vers 649 :

> Par vous aurait péri le monstre de la Crète

se double alors d'un autre sens, il suggère la nostalgie de l'innocence perdue : Phèdre rêve d'un autrefois imaginaire où jeune, libre, elle aurait pu aimer Hippolyte sans remords.

On remarque encore que le « fil fatal » (v. 652) disparaît, remplacé par la présence de Phèdre elle-même (v. 658). Dans la tradition, Ariane donnait le fil à Thésée mais le laissait seul. Phèdre va plus loin ; elle devient « Compagne » (v. 659) et même initiatrice : « Moi-même devant vous j'aurais voulu marcher » (v. 660). Ce changement induit que la nature du « péril » (v. 659) s'est transformée. Il ne s'agit plus seulement d'affronter le Minotaure mais encore d'explorer les méandres de la passion – autre Labyrinthe – où l'on peut aussi se retrouver ou se perdre.

Le Labyrinthe alors n'est plus uniquement chargé de souvenirs héroïques ; il s'enrichit aussi de connotations érotiques.

3. UN DIALOGUE IMPOSSIBLE

Ce passage s'inscrit dans une situation de malentendu. Hippolyte vient de quitter Aricie qu'il aime ; cette entrevue n'est pour lui qu'un « fâcheux entretien » (v. 580). Pour Phèdre, au contraire, cette rencontre est une chance inespérée. Aussi, alors que Phèdre s'abandonne à une véritable incantation amoureuse, voit-on Hippolyte lui opposer un refus indigné.

Une incantation amoureuse

Rythmes, sonorités, vocabulaire donnent à la tirade de Phèdre un caractère de sensualité envoûtante.

Le frémissement de la passion est perceptible :
– dès le vers 634 où les groupes ternaires scandent un aveu déguisé :

> Oui, Prince, je languis, je brûle pour Thésée ;

– dans les vers 645 à 648 où l'envol de l'imagination s'exprime par la vigueur et la variété des coupes ;
– dans le rejet[1] harmonieux du vers 648 qui s'attarde sur une vision heureuse :

> Entrer dans le vaisseau qui le mit sur nos bords ?

Après les dix premiers vers, une constante modulation joue sur les voyelles aiguës [i], [u] ; ces sonorités font, jusqu'à la fin, un écho subtil au nom d'Hippolyte, prononcé au vers 645.

Enfin, portés par la griserie des sentiments, les mots sont de plus en plus révélateurs. Phèdre détaille sensuellement les séductions d'Hippolyte : « votre port, vos yeux, votre langage » (v. 641) ou encore au vers 657 : « cette tête charmante » (et l'adjectif a un sens très fort au XVIIe siècle). Phèdre évoque son « amour » (v. 654), se désigne comme « amante » (v. 658) d'Hippolyte. Elle a perdu toute prudence et toute pudeur.

---

1. Élément étroitement lié, par la construction grammaticale, au vers précédent ; ici, le « rejet » est exceptionnellement long.

Un refus indigné

Face à cette femme qui s'offre, Hippolyte passe de l'incompréhension à la gêne, puis à l'indignation.

Sa première réplique montre l'étendue de son erreur. Il a senti qu'il a devant lui une femme éperdument amoureuse :

> Je vois de votre amour l'effet prodigieux (v. 631).

Cependant, sur l'objet de cet amour, il se trompe ; il ne voit en Phèdre qu'un personnage conventionnel de veuve éplorée.

L'aveu qui suit le réduit au silence ; mais ce silence est lourd de sentiment ; un indice, issu du texte, nous renseigne comme le ferait une didascalie (ou indication scénique) :

> Cette noble pudeur colorait son visage (v. 642).

Cette rougeur, réaction physiologique et involontaire, est significative ; le sang, celui de la gêne, puis de la honte ne cessera de monter au visage d'Hippolyte, au point qu'un peu plus tard, il en éprouvera lui-même la brûlure (*cf.* v. 667).

Quand, enfin, aux vers 663 et 664, Hippolyte recouvre l'usage de la parole, on comprend qu'il lui est devenu impossible d'en entendre davantage. L'interjection « Dieux ! », la question (à valeur exclamative) qui suit immédiatement, jaillissent comme pour tenir à distance ce qu'il vient d'« entendre ». Tout cela traduit l'indignation et l'horreur. Le retour aux présents du vers 664 :

> [...] oubliez-vous
> Que Thésée est mon père, et qu'il est votre époux ?

sonne comme un cinglant rappel à l'ordre, comme une mise en garde contre l'inceste et l'adultère.

▮▮▮▮▮ CONCLUSION

C'était un moment décisif que ce face à face entre les deux protagonistes. Nous avions entendu Phèdre parler d'Hippolyte. Nous venons de la voir parler à Hippolyte. Mais, après avoir observé si longtemps le silence, Phèdre n'a pas su maîtriser la parole, l'utiliser à son profit. Elle a dit ce qu'il ne fallait pas dire. Emportée par le vertige de son propre discours, elle a rêvé. Le retour à la réalité n'en a été que plus cruel. Elle se voit repoussée, humiliée. Et sa déclaration d'amour se solde par un échec.

4 Acte II, scène 5
(vers 670 à 711)

PHÈDRE.

670   Ah ! cruel, tu m'as trop entendue[1].
Je t'en ai dit assez pour te tirer d'erreur.
Hé bien ! connais donc Phèdre et toute sa fureur[2].
J'aime. Ne pense pas qu'au moment que je t'aime,
Innocente à mes yeux, je m'approuve moi-même,
675 Ni que du fol amour qui trouble ma raison
Ma lâche complaisance ait nourri le poison.
Objet infortuné des vengeances célestes,
Je m'abhorre[3] encor plus que tu ne me détestes.
Les Dieux m'en sont témoins, ces Dieux qui dans mon flanc
680 Ont allumé le feu fatal à tout mon sang ;
Ces Dieux qui se sont fait une gloire cruelle
De séduire[4] le cœur d'une faible mortelle.
Toi-même en ton esprit rappelle le passé.
C'est peu de t'avoir fui, cruel, je t'ai chassé.
685 J'ai voulu te paraître odieuse, inhumaine ;
Pour mieux te résister, j'ai recherché ta haine.
De quoi m'ont profité mes inutiles soins[5] ?
Tu me haïssais plus, je ne t'aimais pas moins.
Tes malheurs te prêtaient encor de nouveaux charmes.
690 J'ai langui, j'ai séché, dans les feux, dans les larmes.
Il suffit de tes yeux pour t'en persuader,
Si tes yeux un moment pouvaient me regarder.
Que dis-je ? Cet aveu que je te viens de faire,
Cet aveu si honteux, le crois-tu volontaire ?

---

1. Tu m'as trop comprise.
2. Amour poussé jusqu'à la folie.
3. Je m'inspire à moi-même un sentiment d'horreur.
4. Égarer, entraîner hors de son devoir.
5. Mes efforts inutiles.

695 Tremblante pour un fils que je n'osais trahir,
Je te venais prier de ne le point haïr.
Faibles projets d'un cœur trop plein de ce[6] qu'il aime !
Hélas ! je ne t'ai pu parler que de toi-même.
Venge-toi, punis-moi d'un odieux amour.
700 Digne fils du héros qui t'a donné le jour,
Délivre l'univers d'un monstre qui t'irrite.
La veuve de Thésée ose aimer Hippolyte !
Crois-moi, ce monstre affreux ne doit point t'échapper.
Voilà mon cœur. C'est là que ta main doit frapper.
705 Impatient déjà d'expier son offense,
Au-devant de ton bras je le sens qui s'avance.
Frappe. Ou si tu le crois indigne de tes coups,
Si ta haine m'envie[7] un supplice si doux,
Ou si d'un sang trop vil ta main serait trempée,
710 Au défaut de ton bras prête-moi ton épée.
Donne.

COMMENTAIRE COMPOSÉ

INTRODUCTION

Situation du passage

On a annoncé la mort de Thésée et, sur les conseils d'Œnone, Phèdre a accepté une rencontre avec Hippolyte, son beau-fils. C'était pour elle la situation de tous les dangers. En effet, alors que l'entretien devait porter sur des questions politiques, Phèdre n'a pu se retenir ; et, sans l'avoir vraiment voulu, elle vient de commettre l'irréparable : révéler à Hippolyte, de façon à peine voilée, l'amour passionné qu'elle lui porte. Devant la réaction horrifiée du jeune prince, elle a tenté, un court instant, de se dédire, mais il est trop tard. Et voici le déferlement d'une passion trop longtemps contenue.

---

6. Ce, pour celui, c'est-à-dire Hippolyte.
7. Me refuse.

Mouvement du texte

On distingue trois moments :
– l'aveu proprement dit, irrépressible dans sa brutalité (v. 670-682) ;
– un retour en arrière destiné à expliquer et à justifier le passé (v. 683-690) ;
– enfin, un long cri de désespoir : Phèdre, sachant que tout est perdu, se tourne vers la mort (v. 691-711).

Axes de lecture

Ce qui frappe d'abord, c'est la violence. Phèdre ne se contrôle plus. Dans un premier temps, nous aborderons ce passage comme un moment de crise. Cependant, la violence apparaît comme la conséquence d'une souffrance morale constamment exprimée. Il nous faudra donc étudier cet enfer de la passion. Enfin, nous sommes ici à la dernière étape d'une longue scène ; Phèdre y a vainement tenté de nouer un lien avec son interlocuteur ; or, dans cette deuxième tirade, plus que jamais, elle parle seule. Nous nous pencherons aussi sur la solitude de Phèdre.

1. UN MOMENT DE CRISE

Il est intéressant de rapprocher ce passage des vers 269 à 306 (acte I, scène 3) : le premier aveu de Phèdre, à Œnone, était une description de la passion. Nous en avons ici une représentation. Ce que Phèdre vit, sous nos yeux, c'est un moment de « fureur » (v. 672), c'est-à-dire de folie amoureuse. Cette folie est perceptible dans le rythme qui épouse la montée de la fureur ; elle s'exprime aussi dans le vocabulaire qui traduit la violence destructrice.

La montée de la fureur

Elle se signale d'abord par une rupture avec ce qui précède. Hippolyte vient d'essayer de battre en retraite. Le début du passage coupe net cette tentative. Les interjections (« Ah ! », « Hé bien ! »), le « donc » de renforcement impriment aux trois premiers vers une tonalité explosive ; et, au vers suivant (v. 673), les accents, disposés en début et en fin de vers ; martèlent avec véhémence la répétition du verbe « aimer ».

Partout la tempête des sentiments imprime son tempo. La variété des coupes suit les arrêts et les reprises de la respiration : ainsi, au vers 684 où les cadences respectives de six et de quatre syllabes encadrent et détachent l'apostrophe « cruel ». Au vers suivant (v. 685) : « J'ai voulu te paraître odieuse, inhumaine », la disparité des groupes de neuf et de trois syllabes trahit le halètement de la violence.

Progressivement, comme des coups de boutoir, la brutalité des injonctions impose son tempo comme dans le vers 704 avec sa pause principale après la quatrième syllabe :

> Voilà mon cœur. C'est là que ta main doit frapper.

Vers la fin, le rythme devient la substance même des pulsions suicidaires de plus en plus pressantes. Ainsi dans le vers 707 : « Frappe. Ou si tu le crois indigne de tes coups », la coupe, très rare, isole l'impératif et lui donne un relief saisissant.

La violence destructrice

Le vocabulaire utilisé par Phèdre ignore les nuances, il porte constamment la marque de l'extrême, du paroxysme. Les mots essentiels se situent aux deux pôles de l'univers sentimental : l'amour, la haine qui chez Phèdre apparaissent indissociables.

Dans ce moment où elle ne dissimule plus rien, le verbe « aimer » revient comme un leitmotiv : « je t'aime » (v. 673), « je ne t'aimais pas moins » (v. 688), « un cœur trop plein de ce qu'il aime » (v. 697), « La veuve de Thésée ose aimer Hippolyte » (v. 702). Mais l'amour est dévalorisé par son intensité même ; c'est le « fol amour » (v. 675) ; il est étroitement associé à la haine (« odieux amour », v. 699). Il en a pris le masque (v. 685-686) :

> J'ai voulu te paraître odieuse, inhumaine ;
> Pour mieux te résister, j'ai recherché ta haine.

Qu'il s'agisse du passé (« Tu me haïssais plus », v. 688) ou du présent (« Si ta haine m'envie un supplice si doux », v. 708), Phèdre n'imagine pas pouvoir susciter un autre sentiment que l'horreur. Elle ne se conçoit que comme point de convergence de la haine, celle qu'elle inspire à Hippolyte, celle qu'elle s'inspire à elle-même :

> Je m'abhorre encor plus que tu ne me détestes (v. 678).

2. L'ENFER DE LA PASSION

On peut définir cet enfer comme l'exercice d'une extrême lucidité. Phèdre se voit agir ; et, par une sorte de dédoublement, elle se juge avec une rigueur implacable. Elle a conscience d'obéir à une passion coupable dont la dimension la dépasse ; et, en même temps, elle subit les tortures de la culpabilité. Elle est à la fois la victime et le bourreau.

Phèdre, victime de la passion

Comme lorsqu'elle se confiait à Œnone (v. 249-250 et 253-254), Phèdre rappelle la malédiction qui pèse sur son « sang » (sa famille) :

> [...] ces Dieux qui dans mon flanc
> Ont allumé le feu fatal à tout mon sang (v. 679-680).

Cette malédiction, c'est le « feu fatal », c'est-à-dire un amour si effréné qu'il conditionne toute la destinée.

Pour comprendre l'origine de cette malédiction, il faut se rappeler que le Soleil, ancêtre de la famille de Phèdre, avait irrité Vénus, déesse de l'amour (*cf.* p. 17). C'est elle qui a inspiré à Pasiphaé, mère de Phèdre, une passion scandaleuse ; c'est elle encore qui a causé le malheur d'Ariane, amoureuse de Thésée et abandonnée par lui à Naxos. À son tour, Phèdre est devenue l'« Objet infortuné des vengeances célestes » (v. 677).

Vénus ne lâchera pas sa proie. Dès lors, Phèdre sait qu'elle est sans défense contre :

> Ces Dieux qui se sont fait une gloire cruelle
> De séduire le cœur d'une faible mortelle (v. 681-682).

Il ne lui reste qu'à souffrir :

> J'ai langui, j'ai séché, dans les feux, dans les larmes (v. 690).

Aux souffrances physiques s'ajoutent d'autres tourments : céder en pleine connaissance de cause au « fol amour qui trouble » la « raison » (v. 675), constater la déroute de la volonté impuissante à juguler la passion :

> Cet aveu si honteux, le crois-tu volontaire ? (v. 694).

Jamais elle n'est apparue aussi désarmée, aussi pitoyable.

Phèdre, bourreau d'elle-même

Mais bien que se sachant victime de Vénus, Phèdre se juge et se condamne. Elle se sait coupable :

> [...] Ne pense pas qu'au moment que je t'aime,
> Innocente à mes yeux, je m'approuve moi-même
> (v. 673-674).

Elle reconnaît le caractère monstrueux de sa passion :

> Délivre l'univers d'un monstre qui t'irrite.
> La veuve de Thésée ose aimer Hippolyte ! (v. 701-702).

Progressivement, on voit émerger le besoin « d'expier son offense » (v. 705). Comme si elle épousait la cause de Vénus, Phèdre est peu à peu aspirée par le vertige de la cruauté ; elle réclame son propre châtiment :

> Venge-toi, punis-moi d'un odieux amour (v. 699).

Elle devient, alors, dans sa violence suicidaire, semblable à l'une de ces incarnations des remords et de la vengeance, que les Anciens nommaient les Furies. En effet, le passage puise sa dynamique dans une mutation du sentiment : la fureur amoureuse du début est devenue une fureur sanguinaire, vengeresse.

Cette déchirure de l'être qui mesure l'étendue de sa faute alors qu'il ne peut s'empêcher de la commettre, qui se voit agir et qui déteste ce qu'il fait, tel est l'enfer intérieur dans lequel Phèdre se débat sous nos yeux.

3. LA SOLITUDE DE PHÈDRE

Durant toute la scène 5 de l'acte II, trois personnages sont en présence : Phèdre a un témoin, Œnone, et, en principe, un interlocuteur, Hippolyte. Cependant, nous sommes arrivés à un moment où ces deux présences muettes rendent plus sensible la solitude de Phèdre. Elle parle seule. Et si ce second aveu prend les accents d'un appel, cet appel se heurte au silence d'Hippolyte.

L'appel de Phèdre

Tout dans son discours vise à susciter une réaction d'Hippolyte, car obtenir, à défaut d'amour, une marque d'intérêt, un mot, un geste, ce serait déjà exister aux yeux de celui qu'elle aime. Aussi, la voyons-nous multiplier les pressions.

On remarque d'abord le soudain passage du « vous » (employé jusqu'au vers 665) au « tu ». Ce changement signale, selon les usages du théâtre classique, une montée de la tension ; ici, il tend à exprimer aussi une sorte de complicité créée par l'aveu. On note encore le changement des apostrophes[1]. Au début de la scène, Phèdre employait « Seigneur » (v. 615), « Prince » (v. 634). À présent, les usages protocolaires volent en éclats : « cruel », jaillit à deux reprises (v. 670 et 684) ; c'est une mise en cause directe d'Hippolyte, peut-être une tentative de le culpabiliser à son tour, mais qui reste sans effet.

Phèdre a beau rappeler le passé (v. 683), dire la vérité cachée derrière les apparences (v. 685), expliquer sa conduite (v. 686), elle n'obtient rien. C'est en vain qu'elle essaie d'émouvoir la pitié d'Hippolyte (v. 690) ou de le provoquer par la sombre ironie du vers 702.

Le silence d'Hippolyte

Le premier aveu (v. 634-662) avait déclenché une réaction indignée (v. 663-664). Ici, l'aveu est asséné (« je t'aime », v. 673) ; mais, malgré sa brutalité, il est inutile : Hippolyte avait tout compris et, horrifié, il se réfugie dans le silence, presque dans l'absence.

Le vers 692 est significatif :

> Si tes yeux un moment pouvaient me regarder.

À ce moment, Phèdre ne demande même pas un mot. Elle ne fait que mendier un regard qui lui est refusé. Au vers suivant, le « Que dis-je ? » est plus pathétique encore : inutile, vide de sens, il meuble ce qui serait, autrement, un silence insupportable.

Malgré les impératifs qui l'interpellent constamment (« Venge-toi, punis-moi [...] Crois-moi », v. 699-703), Hippolyte se tait.

---

1. L'apostrophe désigne la personne à qui on adresse la parole.

À la fin de la tirade, les injonctions se font plus pressantes : « Frappe » (v. 707), « prête-moi ton épée » (v. 710). Elles n'implorent plus que la mort. Mais la prière est vaine. Lorsqu'elle s'écrie « Donne » (v. 711), Phèdre doit arracher elle-même son arme à Hippolyte.

CONCLUSION

Dans le théâtre classique, nous le savons, la véritable intrigue se noue et se déroule à l'intérieur des personnages. C'est au fond des cœurs que se trouvent les vrais moteurs de l'action. C'est pourquoi, en cette fin de scène, nous avons l'impression d'avoir assisté à un moment décisif. En effet, le face à face avec Hippolyte a été, pour Phèdre, le révélateur des sentiments qu'elle lui inspire : ce n'est plus de l'indifférence mais de l'horreur.

C'est pour l'héroïne une étape de plus dans le malheur. En effet, auparavant, Phèdre, épouse de Thésée et amoureuse du fils de celui-ci, était coupable de commettre, en pensée, un adultère et un inceste. Sa passion se heurtait à un obstacle social. Or, dans cette scène, nous avons vu l'obstacle changer de nature : il est devenu sentimental. Phèdre se croit libre, mais par une terrible ironie du destin, c'est à présent qu'elle est définitivement séparée d'Hippolyte : elle offrait l'amour, elle a rencontré l'aversion.

Au début de la scène, nous avions vu une Phèdre frémissante d'espoir. Elle n'est plus, maintenant, qu'une femme méprisée, accablée par le remords et la honte.

5 Acte IV, scène 2
(vers 1044 à 1076)

THÉSÉE.

    Perfide ! oses-tu bien te montrer devant moi ?
1045 Monstre, qu'a trop longtemps épargné le tonnerre,
Reste impur des brigands dont j'ai purgé la terre[1].
Après que le transport d'un amour plein d'horreur
Jusqu'au lit de ton père a porté sa fureur,
Tu m'oses présenter une tête ennemie,
1050 Tu parais dans des lieux pleins de ton infamie,
Et ne vas pas chercher, sous un ciel inconnu,
Des pays où mon nom ne soit point parvenu.
Fuis, traître. Ne viens point braver ici ma haine,
Et tenter un courroux que je retiens à peine.
1055 C'est bien assez pour moi de l'opprobre[2] éternel
D'avoir pu mettre au jour un fils si criminel,
Sans que ta mort encor, honteuse à ma mémoire,
De mes nobles travaux[3] vienne souiller la gloire.
Fuis ; et si tu ne veux qu'un châtiment soudain
1060 T'ajoute aux scélérats qu'a punis cette[4] main,
Prends garde que jamais l'astre qui nous éclaire
Ne te voie en ces lieux mettre un pied téméraire.
Fuis, dis-je ; et sans retour précipitant tes pas,
De ton horrible aspect purge tous mes États.

---

1. Allusion aux victoires que Thésée remporta sur de monstrueux malfaiteurs (*cf.* texte 1, p. 3). Il avait ainsi restauré la sécurité entre Trézène et Athènes.
2. Souillure honteuse.
3. Nobles exploits.
4. Cette main (style épique) : ma main.

1065 Et toi, Neptune, et toi, si jadis mon courage
       D'infâmes assassins nettoya ton rivage[5],
       Souviens-toi que pour prix de mes efforts heureux[6],
       Tu promis d'exaucer le premier de mes vœux.
       Dans les longues rigueurs d'une prison cruelle[7]
1070   Je n'ai point imploré ta puissance immortelle.
       Avare[8] du secours que j'attends de tes soins,
       Mes vœux t'ont réservé pour de plus grands besoins.
       Je t'implore aujourd'hui. Venge un malheureux père.
       J'abandonne ce traître à toute ta colère ;
1075   Étouffe dans son sang ses désirs effrontés :
       Thésée à tes fureurs connaîtra tes bontés.

LECTURE MÉTHODIQUE

Situation du passage

Alors qu'on le croyait mort, Thésée vient de rentrer dans son palais (acte III, scènes 3 et 4). Œnone a su le persuader qu'Hippolyte aimait Phèdre d'un « amour criminel » (v. 1030). C'est à ce moment qu'Hippolyte, ignorant tout, vient à la rencontre de son père. Tandis qu'il s'avance, le père et le fils s'observent. Thésée est impressionné par le « noble maintien » (v. 1035) de celui qu'il croit coupable ; Hippolyte est surpris par le sombre visage du roi. Les voici face à face. L'orage se déchaîne.

Mouvement du texte

Thésée s'adresse successivement à deux interlocuteurs : l'un visible et muet, Hippolyte (v. 1044-1064) ; l'autre, invisible mais bien présent, le dieu Neptune (v. 1065-1076). En fait, ces deux moments correspondent à une progression de la fureur chez Thésée.

---

5. Voir note 1.
6. Mes efforts couronnés de succès.
7. Allusion à sa captivité chez le roi d'Épire (v. 956 à 970).
8. Vivement désireux.

Axes de lecture

Grâce au personnage de Thésée, héros légendaire, le texte se présente comme un passage poétique, enrichi par la mythologie. Il est aussi une scène d'affrontement d'une grande intensité entre le père et le fils. Enfin, il constitue une crise tragique qui met en place le ressort du dénouement.

1. UN PASSAGE POÉTIQUE

Thésée n'est apparu physiquement qu'à la scène 4 de l'acte III, tardivement. Nouveau venu dans l'action, il apporte avec lui le souffle de l'univers. Il est aussi un personnage épique, auréolé de l'éclat de ses exploits. Et il apparaît, ici, comme un héros outragé.

Le souffle de l'univers

Thésée revient d'un grand voyage aventureux. Il évoque la « terre » (v. 1046) qu'il a parcourue, le « ciel inconnu » (v. 1051) de pays étrangers au monde des Grecs. Il convoque les forces cosmiques, le « tonnerre » (v. 1045), le soleil, « l'astre qui nous éclaire » (v. 1061).

Dans l'espace confiné du palais de Trézène, il fait entrer le souffle du monde, un monde que l'on pressent animé par des forces surhumaines. C'est ce qui donne à ses paroles leur dimension poétique. Et les éléments, les forces, les astres, ce sont les dieux. Le « tonnerre » (v. 1045) évoque Jupiter, « l'astre qui nous éclaire » (v. 1061) le Dieu Soleil, le « rivage » (v. 1066) est celui de Neptune. Ces dieux, Thésée les invoque pour justifier son bon droit. Il a la conviction qu'ils sont avec lui. Aussi son discours porte-t-il l'empreinte du mystère et de la grandeur.

Le héros outragé

Familier des dieux et des héros, Thésée appartient lui-même à une race supérieure au commun des mortels. La Grèce entière a retenti de ses « nobles travaux » (v. 1058), c'est-à-dire de ses exploits ; il en a conscience, comme le prouve l'injonction faite à

Hippolyte de fuir vers des pays où son « nom ne soit point parvenu » (v. 1052). Mais, dans son passé héroïque, il insiste surtout sur son rôle de justicier, sur les services rendus aux hommes en même temps qu'au dieu Neptune lui-même :

> [...] si jadis mon courage
> D'infâmes assassins nettoya ton rivage (v. 1065-1066).

Aussi Thésée est-il violemment atteint par ce qu'il croit être la trahison d'Hippolyte. Sa colère est à la mesure de son orgueil.

La faute d'Hippolyte ruine la renommée de Thésée. Le conflit entre l'honneur du héros et l'humiliation endurée par le père est traduite dans l'antithèse « souiller la gloire » (v. 1058).

La rime « mémoire / gloire » (v. 1057-1058) est intéressante si l'on remarque que, dans le contexte, « mémoire » a le sens latin de « souvenir ». Thésée entend préserver le souvenir que garderont de lui les générations futures. La même préoccupation s'exprime lorsqu'il redoute « l'opprobre éternel » (v. 1055), la honte qui ne finira pas. Tout cela indique la perspective où se situe Thésée : non seulement celle des événements qu'il est en train de vivre, mais aussi celle de sa renommée posthume.

2. UNE SCÈNE D'AFFRONTEMENT

La tirade de Thésée intervient au début du face à face entre le père et le fils. La tension de la scène vient du fait que le sentiment paternel est inversé puisque l'affection a fait place à la haine. Pour le père qui croit avoir devant lui un coupable, les liens du sang s'effacent. Le fil est devenu un rival qui a convoité l'épouse de son père. Thésée, inspiré par la colère, vise à accabler le « criminel » (v. 1056) par le pouvoir de la parole et à obtenir ainsi un châtiment qu'il croit juste. Tandis que sur Hippolyte, réduit à l'impuissance, s'abat peu à peu le poids du silence.

Le pouvoir de la parole

L'efficacité du discours de Thésée repose principalement sur l'emploi de l'apostrophe[1] et de l'impératif.

---

1. *Cf.* note 1, p. 32.

Aux premiers instants de son retour, Thésée appelait Hippolyte « mon fils » (v. 922 et 927) ; il lui refuse à présent ce nom. Les trois premiers vers prennent leur élan sur trois apostrophes lancées comme des boulets meurtriers : « Perfide », « Monstre », « Reste impur des brigands ». La dernière, « traître » (v. 1053), avait déjà été employée (v. 1001) ; Thésée la reprendra au vers 1074, comme si, dans sa colère, il était à court d'invectives.

Il a d'ailleurs entamé la seconde série, celle des impératifs. Aux interdictions (« Ne viens point braver […] / Et tenter […] », v. 1053-1054) succèdent des ordres de plus en plus péremptoires : « Prends garde » (v. 1061), « purge tous mes États » (v. 1064). L'injonction la plus notable est « Fuis », rageusement martelé à trois reprises (v. 1053, 1059 et 1063). L'impératif monosyllabique, placé chaque fois en tête de vers, sonne comme un cri de rage.

À partir du vers 1065, comme si Hippolyte n'existait déjà plus pour lui, Thésée, sans transition, parle à présent à Neptune. Il lui adresse une prière pour que le malheur fonde sur le coupable[1]. Malgré le changement d'interlocuteur, cette imprécation est intimement liée à ce qui la précède : elle est construite sur les mêmes tournures. Elle débute par une apostrophe vigoureuse, renforcée par les pronoms d'insistance (« Et toi, Neptune, et toi », v. 1065), et se développe à partir de trois impératifs : « Souviens-toi » (v. 1067), « Venge un malheureux père » (v. 1073), « Étouffe dans son sang » (v. 1075). On notera que les trois verbes forment un gradation ; de plus en plus précis, de plus en plus concrets. La formule « Je t'implore aujourd'hui » (v. 1073), tempère à peine l'âpreté du ton. Parvenu au dernier degré de la fureur, Thésée exige la mort de son fils avec une véhémence qui ne peut manquer d'être exaucée.

Le poids du silence

Le silence d'Hippolyte est chargé de signification. Il permet de compléter l'analyse du discours de Thésée.

On doit d'abord s'intéresser à l'insertion du texte. Immédiatement avant notre passage, Hippolyte cherche à savoir le motif de la colère paternelle (v. 1041-1042) :

> Puis-je vous demander quel funeste nuage,
> Seigneur, a pu troubler votre auguste visage ?

---

1. C'est l'imprécation.

Immédiatement après le passage, il ne pose plus de question ; il sait ce qu'on a tramé pour le perdre :

> D'un amour criminel Phèdre accuse Hippolyte ! (v. 1077).

C'est que, dans le torrent de reproches et de menaces qu'il a proférés, Thésée, à deux reprises, a explicité le prétendu « crime ». La première fois, il l'a évoqué, aux vers 1047-1048 :

> Après que le transport d'un amour plein d'horreur
> Jusqu'au lit de ton père a porté sa fureur.

Le mot « transport » (mouvement violent) et surtout la rime « horreur/fureur » expriment le dégoût ressenti devant le caractère monstrueux du « crime ». La métonymie[1] du « lit de ton père » est plus intéressante. Elle joue sur deux registres. D'une part, elle ménage la pudeur : Thésée évite de prononcer le nom de Phèdre, il s'efforce ainsi de la tenir mentalement à distance d'Hippolyte. Mais, en même temps, l'image évoquée par le « lit » fait surgir, avec une crudité presque gênante, la réalité de l'inceste.

La seconde allusion au « crime » d'Hippolyte se trouve au vers 1075 ; Thésée y dénonce les « désirs effrontés » de son fils. Le mot « désirs », comme l'image du « lit », situe nettement l'affrontement dans le domaine amoureux. C'est celui, précisément, où brille Thésée dont les conquêtes féminines sont légendaires. Le héros outragé est aussi un homme qui s'est senti menacé dans sa virilité.

Notons encore qu'Hippolyte ne fait aucun usage de ce qu'il apprend. Accablé injustement, menacé, promis à la mort, il est réduit au silence par la parole paternelle. Lorsque s'achève la tirade de Thésée, Hippolyte est déjà un vaincu.

3. LA CRISE TRAGIQUE

Ce passage est un moment essentiel pour la logique de l'action. Racine y montre une nouvelle facette du danger des passions, à savoir, ici, de la colère. La fureur amène Thésée à une sorte de folie meurtrière. Il adresse à Neptune une prière terrible. Dès lors, tout va s'enchaîner. La prière sera entendue : le dénouement tragique devient inévitable.

---

[1]. La métonymie est une figure de substitution ; on substitue ici un objet concret (le lit) à la femme prétendument aimée (Phèdre).

Un discours de la violence : la fureur de Thésée

L'acte IV débutait par un cri (v. 1001) : ainsi Thésée exprimait sa fureur après avoir entendu Œnone accuser Hippolyte. Ce passage prolonge ce cri, exprime une violence qui se donne libre cours, hors du contrôle de la raison. Trois groupes lexicaux permettent de suivre les étapes de l'emportement.

On examinera d'abord le couple « purger/nettoyer ». Les deux mots sont ici synonymes ; ils signifient : « purifier par la mort ». Lorsque Thésée rappelle au vers 1046 : « [...] j'ai purgé la terre », aux vers 1065-1066 : « [...] mon courage [...] / nettoya ton rivage », il veut dire qu'il a tué. Il s'agit, dans les deux cas, de « brigands », « D'infâmes assassins » qu'il était juste d'exterminer. Il est significatif que ce soit le même mot qui jaillisse, au vers 1064 :

> De ton horrible aspect purge tous mes États.

Il y a là bien plus que l'ordre – véhément – de partir ; dans l'esprit de Thésée, Hippolyte est assimilé aux « scélérats » (v. 1060) qui ont mérité la mort.

Voyons maintenant le couple « courroux/colère » associé au couple « retenir/abandonner ». Ce « courroux » que Thésée « retien[t] à peine » (v. 1054), c'est la tentation de punir sur-le-champ par la mort ce « fils si criminel » (v. 1056). Il profère la menace mais affirme ne pas vouloir l'exécuter. C'est pourtant ce qu'il réclame expressément à Neptune quelques instants plus tard : « abandonne » (v. 1074) contredit « retenir », « colère » reprend « courroux ». Ainsi, l'ébauche de modération perceptible dans la diatribe à Hippolyte est-elle annulée dans l'adresse à Neptune :

> J'abandonne ce traître à toute ta colère (v. 1074).

La parole comme action : une prière terrible

Par son statut de Roi et de Père, Thésée a aussi le pouvoir de se comporter en Juge. Son discours intègre les étapes du déroulement d'un procès. À ceci près que le roi-père-juge monopolise la parole et que, de ce fait, l'accusé ne peut se défendre. On peut assimiler les vers 1044 à 1052 à un réquisitoire, conçu comme un rappel de la faute (amour incestueux aggravé par l'audace de soutenir la présence de Thésée). Les vers 1053 à 1064 constituent nettement la condamnation. La peine prononcée est l'exil. C'est, dans le monde antique où se situe l'action, un châtiment très lourd. Le coupable est chassé de sa famille, de son pays, coupé de son milieu culturel, privé de la protection des dieux. S'agissant d'un fils de roi, cela signifie aussi qu'Hippolyte perd son statut de prince, qu'il sera un proscrit privé d'identité politique ; toutefois, il aura la vie sauve.

Pourtant, dans la dernière partie, Thésée revient sur la sentence pour l'aggraver. La prière à Neptune équivaut à une condamnation à mort. Le thème du « sang » apparaît au vers 1075, il annonce l'horrible massacre de l'acte V. Le futur du dernier vers (« connaîtra ») traduit la certitude d'être exaucé. L'impressionnante antithèse « fureurs » / « bontés » (v. 1076) sonnant à la fin des deux hémistiches porte une charge de menace grandiose : Thésée a ébranlé une force désormais irréversible. Le sort d'Hippolyte est scellé.

CONCLUSION

Dans ce passage, on voit avec quel art Racine sait utiliser les données de la mythologie tout en respectant la vraisemblance qui est une exigence du théâtre classique. La légende, ici, n'est pas seulement un ornement propre à flatter l'imagination. Elle est mise au service de la vérité morale. En effet, c'est par contraste avec ses prouesses et sa renommée que les faiblesses de Thésée nous frappent. Il commet des erreurs. Il est crédule, arrogant. Il est trop sûr de lui. Il manque de clairvoyance et surtout de mesure. Il incarne ce qui, pour les Grecs, était le plus grave des défauts, l'« hybris », c'est-à-dire l'orgueil démesuré. Mais précisément, à cause de ses faiblesses, Thésée devient un personnage pitoyable, un homme comme les autres.

Ce passage propose aussi, en termes poétiques, une réflexion sur le rôle et la nature véritable des dieux de l'Antiquité. Nous voyons Thésée être l'instrument de son propre malheur car, nous le savons, Neptune accédera à sa prière. La divinité peut alors apparaître moins comme une puissance extérieure aux hommes que comme une projection de ceux-ci. Ainsi cette scène pose-t-elle l'éternelle question de la responsabilité de l'homme dans son propre destin.

6 Acte IV, scène 6
(vers 1225 à 1252)

PHÈDRE.
1225   Ah ! douleur non encore éprouvée !
À quel nouveau tourment je me suis réservée !
Tout ce que j'ai souffert, mes craintes, mes transports,
La fureur de mes feux, l'horreur de mes remords,
Et d'un refus cruel l'insupportable injure,
1230 N'était qu'un faible essai[1] du tourment que j'endure.
Ils s'aiment ! Par quel charme[2] ont-ils trompé mes yeux ?
Comment se sont-ils vus ? Depuis quand ? Dans quels
                                          [lieux ?
Tu le savais. Pourquoi me laissais-tu séduire[3] ?
De leur furtive ardeur[4] ne pouvais-tu m'instruire ?
1235 Les a-t-on vus souvent se parler, se chercher ?
Dans le fond des forêts allaient-ils se cacher ?
Hélas ! ils se voyaient avec pleine licence[5].
Le ciel de leurs soupirs[6] approuvait l'innocence ;
Ils suivaient sans remords leur penchant amoureux ;
1240 Tous les jours se levaient clairs et sereins pour eux.
Et moi, triste rebut[7] de la nature entière,
Je me cachais au jour, je fuyais la lumière :
La mort est le seul Dieu que j'osais implorer.
J'attendais le moment où j'allais expirer ;
1245 Me nourrissant de fiel, de larmes abreuvée,
Encor dans mon malheur de trop près observée,

---
1. Première manifestation.
2. Sortilège.
3. Être dans l'erreur.
4. Amour tenu secret.
5. En toute liberté.
6. Les manifestations de leur amour.
7. Ce qu'on rejette avec dégoût.

>   Je n'osais dans mes pleurs me noyer à loisir ;
>   Je goûtais en tremblant ce funeste plaisir ;
>   Et sous un front serein déguisant mes alarmes,
> 1250 Il fallait bien souvent me priver de mes larmes.
>
> ŒNONE.
>
>   Quel fruit[8] recevront-ils de leurs vaines[9] amours ?
>   Ils ne se verront plus.
>
> PHÈDRE.
>
>   Ils s'aimeront toujours.

LECTURE MÉTHODIQUE

INTRODUCTION

Situation du passage

Depuis le début de l'action, Phèdre subit des retournements de situation. Épouse de Thésée et pourtant follement éprise de son beau-fils Hippolyte, elle vivait dans la honte. On a annoncé la disparition de son époux. Elle a, alors, caressé l'espoir de se faire aimer d'Hippolyte mais elle a essuyé un refus humiliant. Puis Thésée est revenu au palais et Phèdre tremble qu'il apprenne la vérité. C'est pourquoi elle est devenue complice d'une infamie : Hippolyte a été accusé par Œnone d'avoir tenté de séduire Phèdre ; celle-ci s'est d'abord tue mais, tenaillée par le remords, elle s'apprêtait à rétablir la vérité quand un nouveau coup lui est asséné : Hippolyte, qu'elle croyait insensible à l'amour, est épris d'Aricie.

C'est donc une femme minée par des émotions successives, déchirée par des sentiments violents et contradictoires qui s'adresse à sa confidente pour lui faire part de cette insupportable nouvelle : Phèdre a une rivale, Hippolyte en aime une autre.

---

8. Résultat.
9. Privées d'effet (puisque, dit Œnone, « Ils ne se verront plus »).

Mouvement du texte

Ce passage est constitué d'une tirade suivie d'un bref dialogue. La tirade se déroule en trois moments :
- d'abord un jaillissement de la douleur (v. 1225-1230), en forme de rappel du passé ;
- ensuite un mouvement plus véhément (v. 1231-1240) où le ressentiment se traduit en questions, en images du couple Hippolyte et Aricie ;
- puis un lamento final (v. 1241-1250) ; Phèdre gémit sur son sort.

Enfin intervient un court échange de répliques (v. 1251-1252) où s'amorce la dissension entre Phèdre et sa confidente.

Axes de lecture

Phèdre, sous le choc de ce qu'elle vient d'apprendre, est en plein tumulte intérieur ; nous verrons, dans un premier temps, comment se manifeste son égarement. Le passage marque aussi une étape de plus dans la souffrance ; nous analyserons ce qu'est ce « nouveau tourment » (v. 1226). Enfin, en confrontant son propre sort à celui d'Hippolyte et d'Aricie, Phèdre nous amène à distinguer l'amour de la passion.

1. L'ÉGAREMENT DE PHÈDRE ET SES MANIFESTATIONS

Un nouveau coup a frappé Phèdre, l'a atteinte dans son intégrité mentale et dans son sens moral. Nous la voyons glisser vers l'incohérence et sombrer dans l'injustice.

L'incohérence

Le déroulement de la tirade montre que Phèdre ne peut discipliner son esprit. Ses pensées vont et viennent sans parvenir à se fixer.

Il lui faut faire un long détour par le passé avant de pouvoir envisager la réalité présente : « Ils s'aiment » (v. 1231). À partir de là, sans transition, le ton change. Les questions fusent dans le désordre. Elles portent tantôt sur les amours d'Hippolyte et d'Aricie (v. 1231-1232), tantôt sur l'attitude d'Œnone (v. 1233-1234), reviennent aux deux amants (v. 1235-1236). Les interrogations se bousculent sans laisser place à d'éventuelles réponses, parfois même, elles s'annulent (v. 1236-1237). Et, de façon peu logique, elles ramènent Phèdre à elle-même, dans une dernière partie qui, en fait, prolonge les propos du début. Ce discours fébrile est celui d'une femme traumatisée par l'étonnement (v. 1218) et la douleur (v. 1230).

L'injustice

On assiste aussi à une altération des sentiments de Phèdre envers Œnone.

Tout le début de la scène montre que la confidente était – comme sa maîtresse – dans l'ignorance de l'amour d'Hippolyte pour Aricie. Phèdre doit en être consciente puisque c'est elle qui l'apprend à Œnone incrédule (v. 1225). Pourtant, dans son égarement, Phèdre accuse Œnone de lui avoir tout dissimulé :

> Tu le savais. Pourquoi me laissais-tu séduire ? (v. 1233).

Ces reproches injustifiés sont une preuve flagrante d'ingratitude. À ce moment, Phèdre, indifférente à ce qui n'est pas son drame personnel, a oublié tout ce qu'Œnone a fait et risqué pour elle (*cf.* v. 1327). Cette fêlure dans les rapports de Phèdre avec celle qui a été sa nourrice, puis sa seule confidente, annonce les malédictions qui, à la fin de la scène, accableront la malheureuse Œnone.

2. UN NOUVEAU TOURMENT

Le personnage de Phèdre est inséparable du thème de la douleur. Ce thème prend ici une acuité particulière. En effet, ce qu'elle vient d'apprendre correspond, pour Phèdre, à un degré supplémentaire et, jusque-là inconnu, de la souffrance. C'est par rapport à son passé qu'elle prend la mesure du présent.

Le passé

Comme elle l'avait fait avec Œnone (v. 269-296), puis avec Hippolyte (v. 671-690), Phèdre récapitule ce qu'a été sa vie depuis les premiers instants de sa passion. L'expression « Tout ce que j'ai souffert » (v. 1227) va être commentée avec une insistance presque morbide.

Elle rappelle d'abord les « craintes » (v. 1227) qui, dès le début, l'ont obligée à « cacher » ses « ennuis » (v. 299). Elle évoque aussi ses « transports », émois si violents qu'ils se traduisaient par des malaises physiques (*cf.* le coup de foudre, v. 273-276). Elle avoue la « fureur » de ses « feux », c'est-à-dire un sentiment vécu jusqu'au paroxysme qui, lors de l'aveu à Hippolyte, a fait céder les digues de la raison et de la volonté. Elle n'oublie pas « l'insupportable injure » (v. 1229), ce refus humiliant par lequel Hippolyte a repoussé son amour. Mais le pire tourment a sans doute été « l'horreur » de ses « remords » (v. 1228), remords d'avoir trahi son époux et, surtout, d'avoir laissé accuser Hippolyte d'une faute dont elle était seule coupable.

La précision avec laquelle sont détaillées les étapes d'un itinéraire de plus en plus douloureux renforce la formule :

> Ah ! douleur non encore éprouvée ! (v. 1225).

Le présent

Les exclamations des deux premiers vers expriment l'âpreté de la souffrance. Mais les expressions « douleur non encore éprouvée », « nouveau tourment » sont des périphrases[1], comme si Phèdre ne pouvait pas ou ne voulait pas donner un nom à ce sentiment inconnu.

Pour en discerner la nature, il faut considérer le rapport qui lie les vers 1230 et 1231 :

> N'était qu'un faible essai du tourment que j'endure.
> Ils s'aiment !

La construction juxtapose (en asyndète[2]) l'effet et sa cause.

---

[1]. La périphrase est une formulation qui remplace le mot exact par une expression plus longue, plus vague.
[2]. Dans l'asyndète, le rapport reliant deux éléments n'est pas exprimé par un mot de liaison ; il est suggéré, avec un effet de choc, par la juxtaposition.

C'est parce qu'Hippolyte et Aricie s'aiment que Phèdre endure ce « nouveau tourment ». Mais si elle ne prononce pas le mot de « jalousie », elle en éprouve déjà les déchirements. Elle est en proie aux affres du doute. Le besoin de connaître ce qui avivera sa blessure se traduit par des questions fébriles :

> Comment se sont-ils vus ? Depuis quand ? Dans quels
> [lieux ? (v. 1232).

Ce qu'elle ne sait pas, elle l'imagine :

> Dans le fond des forêts allaient-ils se cacher ? » (v. 1236).

Et peu importe si ces suppositions sont loin de la réalité : nous savons qu'Hippolyte, au contraire, s'est longtemps efforcé de fuir Aricie (*cf.* acte II, v. 539-546). La jalousie vient de fournir à Phèdre un nouvel instrument pour se torturer elle-même.

3. DE L'AMOUR À LA PASSION

Sous le coup du choc qui l'a frappée, Phèdre réagit en deux temps. D'abord, Hippolyte, « Ce tigre » (v. 1222), et Aricie, sa « rivale » (v. 1218), ont été évoqués, nommés séparément. Mais à partir du vers 1231 s'impose une vision cruelle : « Ils s'aiment ! ». Le pronom « Ils » désigne pour la première fois un couple indissociable. Dans l'univers mental de Phèdre, c'est une référence nouvelle : elle ne connaissait que l'enfer d'une passion interdite, elle se trouve face à un amour légitime. Et l'innocence de cet amour rend plus terrible le sentiment de sa propre culpabilité.

Passion interdite et amour légitime

Pour Phèdre, la passion est marquée par l'interdit, donc vouée à la clandestinité. Il ne peut s'agir, du moins en est-elle convaincue, que d'une « furtive ardeur » (v. 1234) qu'on essaie de dérober aux regards :

> Par quel charme ont-ils trompé mes yeux ? (v. 1231).

Mais, très vite, elle doit se rendre à l'évidence :

> Hélas ! ils se voyaient avec pleine licence (v. 1237).

Cette « licence », c'est-à-dire cette liberté, trouve sa justification non sur le plan social mais sur le plan moral. En effet, dans le domaine social, l'attachement d'Hippolyte pour Aricie peut apparaître comme illégal dans la mesure où il est contraire à la loi édictée par Thésée (*cf.* acte I, scène 1, v. 101-110). Il en va tout autrement dans le domaine moral : au regard des lois suprêmes, celles de la conscience, l'amour qui unit deux jeunes êtres libres et innocents est parfaitement légitime. C'est pour Phèdre la révélation la plus douloureuse.

Innocence et culpabilité

Pour exprimer son enfer intérieur, Phèdre a recours successivement à deux systèmes métaphoriques.

Le premier fait jouer le contraste entre lumière et obscurité. Phèdre reconnaît, à partir du vers 1237, que l'amour d'Hippolyte et d'Aricie est réciproque et légitime. Cette prise de conscience fait surgir des images lumineuses : « Le ciel » (v. 1238), « les jours [...] clairs » (v. 1240). Avec le verbe « approuvait », avec l'adjectif « serein », le « ciel », le « jour » prennent une connotation[1] morale. Ils deviennent le symbole de la divinité solaire à qui rien n'échappe et qui distingue le Bien du Mal. Ainsi la lumière, apanage d'Hippolyte et d'Aricie, est-elle garante de leur pureté aux yeux des hommes et des dieux. Ces évocations sont en opposition absolue avec le sort de Phèdre :

> Et moi, triste rebut de la nature entière,
> Je me cachais au jour, je fuyais la lumière (v. 1241-1242).

L'impossibilité d'affronter la lumière du jour symbolise la honte et la culpabilité.

Un second réseau associe – étrangement – le thème de la mort au motif de la nutrition. Les verbes « nourrir » et « abreuver » (v. 1245) appellent normalement des compléments désignant des substances externes, destinées à assurer la vie. Ils sont, ici, associés à des sécrétions internes et rappellent l'anorexie[2] soulignée dès le premier acte (v. 193-194). Phèdre consume ses

---

1. La connotation dépend étroitement du contexte ; elle fonctionne par associations et évocations. Dans notre contexte, « ciel » est associé, par connotation, à la divinité. En revanche, la dénotation est la signification première d'un mot, indépendamment du contexte.
2. Grave perte de l'appétit aboutissant à une autoprivation de nourriture.

propres forces. En outre, la disposition en chiasme[1] insiste sur un point commun entre les deux liquides ; le « fiel », c'est la « bile noire », sécrétée sous l'empire de la mélancolie ; les « larmes », l'eau amère, sont la manifestation physique du chagrin. Tous deux révèlent l'amertume aux sens propre et figuré.

La fuite devant la lumière et le refus des fonctions nutritives trouvent leur aboutissement dans le désir de mourir, exprimé aux vers 1243-1244.

■■■■ CONCLUSION

Ce passage marque, pour Phèdre, une étape importante : elle ne peut plus, désormais, s'en tenir à sa seule histoire. En effet, avec l'amour d'Hippolyte et d'Aricie, elle est confrontée au bonheur et à la normalité. Elle peut à présent – par rapport à eux – mesurer son propre destin. Et c'est ce continuel mouvement de comparaisons, d'oscillations entre le « moi » et le « ils », qui donne au passage sa vibration douloureuse. Alors qu'ils incarnent l'amour dans sa réciprocité et sa légitimité, pour elle, la passion n'a apporté que le malheur. C'est pour Phèdre un degré de plus dans la descente aux enfers. Elle prend peu à peu conscience de la nature de cette souffrance à laquelle elle ne donne pas encore de nom et qui se déchaînera dans la tirade qui suit immédiatement (v. 1257-1294).

---

1. Croisement ou échange dans la disposition des termes. Au vers 1245, « fiel » est placé à la fin du premier hémistiche, « larmes » au début du second : « Me nourrissant de *fiel*, de *larmes* abreuvée ».

7 Acte IV, scène 6
(vers 1257 à 1294)

PHÈDRE.
> [...]
> Non, je ne puis souffrir[1] un bonheur qui m'outrage,
> Œnone. Prends pitié de ma jalouse rage.
> Il faut perdre[2] Aricie. Il faut de mon époux
> 1260 Contre un sang odieux réveiller le courroux.
> Qu'il ne se borne pas à des peines légères :
> Le crime de la sœur passe celui des frères.
> Dans mes jaloux transports[3] je le veux implorer.
> Que fais-je ? Où ma raison se va-t-elle égarer ?
> 1265 Moi jalouse ! et Thésée est celui que j'implore !
> Mon époux est vivant, et moi je brûle[4] encore !
> Pour qui ? Quel est le cœur où prétendent mes vœux[5] ?
> Chaque mot sur mon front fait dresser mes cheveux.
> Mes crimes désormais ont comblé la mesure.
> 1270 Je respire à la fois l'inceste et l'imposture.
> Mes homicides mains, promptes à me venger,
> Dans le sang innocent brûlent[6] de se plonger.
> Misérable ! et je vis ? et je soutiens la vue
> De ce sacré Soleil dont je suis descendue[7] ?
> 1275 J'ai pour aïeul le père et le maître des Dieux[8] ;
> Le ciel, tout l'univers est plein de mes aïeux.

---

1. Supporter.
2. Faire mourir.
3. Ici, violents sentiments de jalousie.
4. Je suis dévorée par une passion incontrôlable.
5. Vers qui tendent mes désirs amoureux.
6. Sont impatientes de.
7. Par sa mère, Pasiphaé, Phèdre est la petite-fille du Soleil (Hélios), divinité sacrée.
8. Par son père, Minos, Phèdre est la petite-fille de Zeus, « maître des Dieux ».

Où me cacher ? Fuyons dans la nuit infernale[9].
Mais que dis-je ? mon père y tient l'urne fatale[10] ;
Le sort, dit-on, l'a mise en ses sévères mains :
1280 Minos juge aux enfers tous les pâles humains.
Ah ! combien frémira son ombre épouvantée,
Lorsqu'il verra sa fille à ses yeux présentée,
Contrainte d'avouer tant de forfaits divers,
Et des crimes peut-être inconnus aux enfers !
1285 Que diras-tu, mon père, à ce spectacle horrible ?
Je crois voir de ta main tomber l'urne terrible ;
Je crois te voir, cherchant un supplice nouveau,
Toi-même de ton sang devenir le bourreau.
Pardonne. Un Dieu cruel a perdu ta famille ;
1290 Reconnais sa vengeance aux fureurs de ta fille.
Hélas ! du crime affreux dont la honte me suit
Jamais mon triste cœur n'a recueilli le fruit[11].
Jusqu'au dernier soupir de malheurs poursuivie,
Je rends dans les tourments une pénible vie.

LECTURE MÉTHODIQUE

INTRODUCTION

Situation du passage

Phèdre a appris de la bouche d'Œnone qu'Hippolyte aime Aricie. Atterrée par cette révélation, elle prend conscience de son humiliation (scène 5). Puis, dans la scène 6, elle mesure son malheur en comparant son sort à celui des amants heureux et innocents. Voici le moment où, après une brève intervention d'Œnone, se déchaîne soudain la tempête de la jalousie.

---

9. L'obscurité des Enfers antiques, c'est-à-dire le séjour des morts.
10. L'urne était un vase associé aux rites funéraires ; il s'agit ici de l'urne d'où sortiront les verdicts du jugement des morts, verdicts irrévocables.
11. Le profit de son amour.

Mouvement du texte

La composition exprime le désordre intérieur de l'héroïne. On voit Phèdre, ravagée par la jalousie, passer de la fureur (v. 1257-1263) aux remords (v. 1264-1276) ; enfin, accablée par le poids de ses fautes, elle se soumet au jugement (v. 1277-1286) puis au châtiment (v. 1287-1294) qui, pense-t-elle, l'attendent dans l'au-delà.

Axes de lecture

L'analyse de la structure nous amènera à mesurer les ravages de la jalousie. Une étude lexicale nous permettra de cerner la notion de « faute ». Enfin, une approche dramaturgique nous aidera à comprendre comment Phèdre rend crédible le fantasme du jugement.

1. ÉTUDE DE LA STRUCTURE : LES RAVAGES DE LA JALOUSIE

L'étude de la structure fait apparaître que la forme est signifiante. Ainsi, on observera que ce passage comporte deux moments, de longueur inégale, centrés respectivement sur Aricie (v. 1257-1263) et sur Phèdre elle-même (v. 1264-1294). La comparaison de ces deux moments révèle une analogie : dans les deux cas, Phèdre donne libre cours au même sentiment, la haine. Mais nous remarquerons un transfert : par des étapes identiques, Phèdre passe de la haine d'Aricie à la haine de soi-même.

La haine d'Aricie

On note d'abord une pulsion de « jalouse rage » (v. 1258). Le propre de la jalousie étant de ne pouvoir supporter chez autrui ce que l'on ne possède pas soi-même, le bonheur d'Aricie est ressenti comme une injure (« un bonheur qui m'outrage », v. 1257). Aricie est transformée en coupable, sa faute est évaluée au vers 1262 :

> Le crime de la sœur passe [= dépasse] celui des frères.

Ce qui implique la recherche d'un juge :

> Il faut de mon époux [...] / [...] réveiller le courroux
> (v. 1259-1260).

Le juge devient aussitôt exécuteur :

> Qu'il ne se borne pas à des peines légères (v. 1261).

Traduites dans les faits, les intentions de Phèdre aboutiraient à la mort de la rivale :

> Il faut perdre Aricie (v. 1259).

La haine de soi-même

Le second moment reproduit, à peu de chose près, un schéma parallèle. La jalousie domine encore les premiers instants (« Moi jalouse ! », v. 1265), à la différence qu'elle n'inspire plus la rage mais les remords.

Les vers 1269 à 1272 sont consacrés à l'évaluation des fautes : Phèdre évoque avec précision tout ce qu'elle a sur la conscience. La faute appelle ensuite le jugement : l'univers entier a les yeux sur la coupable (v. 1273 et suivants). Il trouve son incarnation la plus terrible en la figure du père, le roi Minos. Selon les traditions antiques, Minos préside, après la mort, à la pesée des vies, il distribue les châtiments en proportion des fautes.

Dans ce second moment, la mutation finale est encore plus frappante : le « père » (v. 1285) devient un impitoyable « bourreau » (v. 1288). Le processus trouve, comme dans le premier moment, son achèvement dans la mort :

> Je rends dans les tourments une pénible vie (v. 1294).

La jalousie est un sentiment destructeur qui tend, normalement, à éliminer son objet (en l'occurrence, Aricie). Ici, c'est le sujet qui s'auto-élimine : Phèdre, nous le savons, se déteste. Dans toutes les situations, quelles qu'elles soient, nous la voyons retourner contre elle-même son énergie psychique.

2. ÉTUDE LEXICALE : LA FAUTE

Le passage tout entier est sous-tendu par le thème de la faute ; et cette notion est illustrée par deux mots essentiels : le « crime » et le « sang ». À travers leurs emplois respectifs, on discerne que la faute procède à la fois, et de façon complexe, de la responsabilité et de l'hérédité.

Le crime

Le mot apparaît une première fois au vers 1262. Il établit une comparaison entre Aricie (« la sœur ») et les Pallantides (les « frères »). On se souvient que ceux-ci avaient cherché à éliminer Thésée pour s'emparer du trône d'Athènes[1]. Aricie, quant à elle, n'est coupable que d'aimer Hippolyte et d'en être aimée. À ce moment, Phèdre, dans ses « jaloux transports » (v. 1263), confond culpabilité et innocence, politique et sentiment personnel.

À partir du deuxième emploi du mot (v. 1269, 1284 et 1291), les « crimes » sont ceux de Phèdre. Elle en dresse la liste : épouse infidèle, belle-mère incestueuse, elle vient de devenir, de surcroît, meurtrière en intention (v. 1259). La précision des termes (« l'inceste et l'imposture », v. 1270 ; « Mes homicides mains », v. 1271 ; « tant de forfaits divers », v. 1283) traduit une lucidité sans complaisance. Tout cela correspond à la sévérité d'une conscience exigeante.

Pourtant, à la fin de la tirade, les vers 1291-1292 contiennent un aveu troublant :

> Hélas ! du crime affreux dont la honte me suit
> Jamais mon triste cœur n'a recueilli le fruit.

Le retour au singulier (« crime ») désigne clairement la faute initiale, la passion pour Hippolyte. Le « Hélas ! » dit le regret. Toutefois, il ne s'agit plus de remords (regret d'avoir aimé) mais d'un sentiment opposé. Ce que Phèdre déplore explicitement, c'est d'en être restée à l'intention, c'est-à-dire de n'avoir pas goûté le plaisir lié à la faute. On voit la plasticité de cette notion de « crime » et toutes les ambiguïtés et les contradictions que recouvre ce terme, dans le contexte.

---

1. *Cf.* texte 1, p. 9.

Le sang

Le mot est, lui aussi, riche de nuances. Quand, au vers 1260, Phèdre parle de « sang odieux », elle réunit dans une même exécration Aricie et ses frères. Elle se réfère à une conception archaïque du droit : toute une famille est responsable d'un crime commis par l'un de ses membres.

En revanche, lorsque revenue à la réalité, Phèdre s'accuse d'avoir voulu faire couler « le sang innocent » (v. 1272), c'est bien l'innocence personnelle d'Aricie qu'elle reconnaît. Enfin, elle s'écrie :

> Je crois te voir [...]
> Toi-même de ton sang devenir le bourreau (v. 1287-1288).

Phèdre évoque ici le châtiment infligé par son père (« Toi-même »). Le mot « sang » rappelle, de façon poétique mais précise, les liens qui unissent Phèdre à sa « famille » (v. 1289). Il y a le lien social : Phèdre, parce qu'elle appartient à la descendance du Soleil, subit la vengeance d'un « dieu cruel »[1]. Mais le « sang » appartient aussi au domaine biologique : il est le vecteur de l'hérédité. Il a transmis à Phèdre les « fureurs » (v. 1290) de sa mère Pasiphaé, coupable d'amours scandaleuses (elle a aimé un taureau).

Ainsi, le « sang » explique le « crime » ; et, dans une certaine mesure (laquelle ?), l'excuse.

3. ÉTUDE DRAMATURGIQUE : LE FANTASME DU JUGEMENT

Par ses qualités dramatiques, cette tirade peut apparaître comme une tragédie en miniature, insérée dans l'action principale.

Phèdre y joue pour elle-même une sorte de psychodrame[2] avec des personnages qui transforment le monde de l'au-delà en une saisissante réalité.

---

1. *Cf.* texte 2, p. 17.
2. Un psychodrame consiste à jouer, à mettre en scène ses propres problèmes pour tenter de les résoudre.

Les personnages

Le moment où Phèdre s'adresse vraiment à sa confidente est très bref. À partir du vers 1264, la présence d'Œnone est oubliée. Phèdre parle maintenant à d'autres interlocuteurs et, d'abord, à elle-même. Elle s'interpelle (« Que fais-je ? », « que dis-je ? », v. 1264 et 1278). Elle se fustige (« Misérable ! », v. 1273). Elle s'interroge (« Où me cacher ? », v. 1277), se donne des injonctions (« Fuyons », v. 1277). Puis apparaît la figure de Minos, d'abord évoqué (v. 1278-1280), puis interpellé ; car la vision s'est imposée avec une telle intensité qu'elle est devenue réelle : Phèdre s'adresse à son père (« Que diras-tu, mon père », v. 1285), le supplie (« Pardonne », v. 1289). Enfin, elle se représente en train de comparaître devant le tribunal suprême :

> Contrainte d'avouer tant de forfaits divers (v. 1283).

Par un phénomène de dédoublement, Phèdre est devenue spectatrice d'elle-même.

Le monde de l'au-delà

Après un moment de lucidité (v. 1264), Phèdre cède au délire de l'angoisse. Elle quitte, en pensée, le réel, le présent, le palais de Trézène. Après avoir parcouru d'un regard imaginaire l'intégralité du monde des vivants, elle le fuit :

> Le ciel, tout l'univers est plein de mes aïeux.
> Où me cacher ? Fuyons dans la nuit infernale
> (v. 1276-1277).

La scène du jugement se déroule alors dans l'obscurité fantastique – car elle n'empêche pas de voir – des Enfers.

Mais le monde intérieur de Phèdre, ce théâtre d'ombres, peuplé de « pâles humains » (v. 1280), devient, à son tour, vivant, grâce à des procédés d'une grande simplicité. C'est d'abord l'anaphore[1] « Je crois voir », « Je crois te voir » (v. 1286-1287) qui souligne la force de la vision. C'est aussi l'emploi des futurs (« frémira », « verra », v. 1281 et 1282) qui donne son épaisseur à la figure de Minos, l'impose comme un personnage véritable. On

---

1. L'anaphore consiste à répéter un mot ou une expression au début de deux ou plusieurs séquences (vers, phrase, membres de phrases, etc.) ; ici, la reprise insiste sur l'aspect obsédant de la vision du jugement.

relève encore l'insistante image de l'urne, symbole du jugement inéluctable, qui de « fatale » (v. 1278) devient « terrible » (v. 1286). Enfin, les verbes d'action (« tomber », « cherchant », v. 1286 et 1287) contribuent à faire de cette scène hallucinatoire une réalité surnaturelle.

▰▰▰ CONCLUSION

Dans ce passage d'une grande intensité, on assiste, effrayé, aux ravages qu'exerce la passion sur l'être moral. L'épouse adultère, incestueuse, calomniatrice va jusqu'à envisager le crime. Bien que ces forfaits demeurent, pour l'essentiel, à l'état d'intentions, ils suscitent chez Phèdre des remords intolérables. Ils l'amènent au comble de la honte et de l'horreur d'elle-même. Comment pourrait-on rester insensible à tant de souffrances ? Phèdre est convaincue qu'elle ne peut rien espérer des dieux, c'est pourquoi elle émeut la compassion des hommes.

8 Acte V, scène 6 (vers 1498 à 1526)

THÉRAMÈNE.
    À peine nous sortions des portes de Trézène[1],
    Il était sur son char ; ses gardes affligés
1500 Imitaient son silence, autour de lui rangés.
    Il suivait tout pensif le chemin de Mycènes[2] ;
    Sa main sur, ses chevaux laissait flotter les rênes.
    Ses superbes[3] coursiers[4], qu'on voyait autrefois
    Pleins d'une ardeur si noble obéir à sa voix,
1505 L'œil morne maintenant et la tête baissée,
    Semblaient se conformer à sa triste pensée.
    Un effroyable cri, sorti du fond des flots,
    Des airs en ce moment a troublé le repos ;
    Et du sein de la terre une voix formidable[5]
1510 Répond en gémissant à ce cri redoutable.
    Jusqu'au fond de nos cœurs notre sang s'est glacé.
    Des coursiers attentifs le crin s'est hérissé.
    Cependant[6] sur le dos de la plaine liquide
    S'élève à gros bouillons une montagne humide.
1515 L'onde[7] approche, se brise, et vomit à nos yeux,
    Parmi des flots d'écume, un monstre furieux.
    Son front large est armé de cornes menaçantes ;
    Tout son corps est couvert d'écailles jaunissantes ;

---

1. Port d'Argolide, patrie de Thésée ; c'est la ville où se déroule l'action.
2. Ville grecque, située dans le Péloponnèse.
3. Fiers.
4. Mot du registre noble pour désigner les chevaux.
5. Qui inspire la crainte.
6. Pendant ce temps.
7. Mot du registre noble et poétique pour désigner l'eau ; il s'agit, ici, de la mer, royaume du dieu Neptune.

> Indomptable taureau, dragon impétueux,
> 1520 Sa croupe se recourbe en replis tortueux.
> Ses longs mugissements font trembler le rivage.
> Le ciel avec horreur voit ce monstre sauvage ;
> La terre s'en émeut, l'air en est infecté ;
> Le flot, qui l'apporta, recule épouvanté.
> 1525 Tout[8] fuit ; et sans s'armer d'un courage inutile,
> Dans le temple voisin chacun cherche un asile.

LECTURE MÉTHODIQUE

INTRODUCTION

Situation du passage

Abusé par les mensonges d'Œnone et par le silence complice de Phèdre, Thésée a cru Hippolyte coupable d'éprouver pour sa belle-mère un « amour criminel » (v. 1077). Dans sa fureur, il a voué son fils à la vengeance de Neptune (v. 1065-1076). Pourtant, le doute s'est progressivement insinué en lui (acte V, scènes 2, 4 et 5). Mais il est trop tard, car Théramène arrive, en pleurs. Il annonce qu'« Hippolyte n'est plus » (v. 1492).

Notre passage est à peine un récit mais plutôt un préambule à la catastrophe. Théramène a vu l'indicible. Il raconte comment il a assisté, impuissant et terrifié, à l'irruption du surnaturel dans l'univers des hommes.

Mouvement du texte

Par l'intermédiaire de Théramène, on assiste successivement au départ d'Hippolyte pour l'exil (v. 1498-1506), à l'apparition du monstre (v. 1507-1520), à la terreur générale qui s'ensuit (v. 1521-1526).

---

8. Tout le monde.

Axes de lecture

Le discours de Théramène vise à montrer un combat spectaculaire. Racine y a utilisé les deux courants esthétiques qui ont coexisté au XVIIe siècle, le « classique » et le « baroque ». Jouant sur le contraste entre ces deux tendances opposées, il a su en faire l'expression d'un affrontement grandiose entre l'homme et le dragon. Nous étudierons comment au portrait d'Hippolyte, traité selon le goût classique (1er axe), s'oppose la description du monstre, tout empreinte de la tonalité baroque (2e axe). Nous verrons enfin que l'arrivée du monstre fait entrevoir un bouleversement universel par le passage de l'ordre au chaos (3e axe).

1. L'ART CLASSIQUE : LE PORTRAIT D'HIPPOLYTE

L'idéal classique est fait d'ordre et d'harmonie. Il s'attache à reproduire un naturel dépouillé de toute vulgarité. On retrouve ces caractéristiques dans le passage consacré à Hippolyte. Il constitue un tableau très composé et un portrait plein de noblesse et de vérité.

Un tableau très composé

La scène est mise en place selon les lois de la symétrie. Les arrière-plans sont suggérés par les deux noms de ville, à la rime : Trézène, Mycènes (v. 1498 et 1501). Deux détails assurent le cadrage. On a, d'un côté, une perspective monumentale, les « portes », avec un effet majestueux obtenu grâce au pluriel :

> À peine nous sortions des portes de Trézène (v. 1498).

On a, de l'autre, le « chemin », discrète évocation du cadre naturel :

> Il suivait tout pensif le chemin de Mycènes (v. 1501).

Le premier plan concentre l'intérêt sur la figure d'Hippolyte (v. 1499-1500). Le jeune prince est saisi dans une situation pleine de noblesse, en accord avec son rang. Il domine son escorte (« sur son char ») ; il est le personnage central, entouré par ses « gardes » en bon ordre.

Un portrait plein de noblesse et de vérité

Hippolyte est évoqué à la fois dans son statut princier et dans sa situation de personnage malheureux.

Il est le prince. C'est ce que soulignent des détails ornementaux et symboliques : le « char » (v. 1499), les « superbes coursiers » (v. 1503) semblent défiler pour une parade ; la « main » tenant à peine « les rênes » (v. 1502) suggère une autorité parfaitement maîtrisée. Hippolyte est aussi une figure de l'innocence persécutée. Des notations psychologiques nous montrent le jeune prince, saisi de l'intérieur, « tout pensif » (v. 1501), silencieux et en proie à « sa triste pensée » (v. 1506). De plus, Hippolyte exerce un ascendant évident sur son entourage : « ses gardes affligés / Imitaient son silence » (v. 1499-1500) ; « Ses superbes coursiers » [...] / Semblaient se conformer à sa triste pensée » (v. 1503-1506).

Cette adhésion des gens et des bêtes aux préoccupations du personnage indique qu'Hippolyte sait s'imposer autant par son rang que par les attachements qu'il inspire. On remarque que l'évocation de ce départ relève moins du récit que de la description. L'action y est quasi inexistante. Les verbes concernant Hippolyte expriment soit l'état (« Il était », v. 1499), soit une passivité qui confine à l'inaction (« Il suivait », v. 1501 ; « Sa main [...] laissait flotter », v. 1502). En outre, l'usage constant de l'imparfait donne une impression de fixité ; les gestes se figent en une pose définitive. Hippolyte n'appartient plus au monde des vivants. Son image, mélancolique et majestueuse, entre déjà dans le souvenir.

2. L'ART BAROQUE : LA DESCRIPTION DU MONSTRE

Le baroque donne la primauté à l'extraordinaire, au mouvement, à la métamorphose. Il privilégie ce qui est de nature à frapper la sensibilité et l'imagination. Tous ces traits sont typiques du « monstre » qui est, par définition, une singularité de la nature, et, par là même, un être inquiétant. Ainsi, par l'intermédiaire de Théramène, nous avons la vision d'une bête fantastique et terrifiante.

Une bête fantastique

Un « monstre » est une créature que l'on « montre » comme n'ayant jamais été vue. C'est bien dans ce sens que le mot est employé aux vers 1516 et 1522. Dans sa tentative de description, Théramène utilise deux séries lexicales ; elles correspondent aux deux caractéristiques de la bête. D'une part, il s'efforce de rendre compte de ce qui est, en elle, extraordinaire. Toutes les précisions notent un caractère composite (cornes de mammifère, croupe de reptile, etc.). Dans l'incapacité de la cataloguer dans une espèce connue, le narrateur esquisse des rapprochements avec un « taureau » (v. 1519), puis, tout de suite, avec un « dragon » qui appartient au bestiaire du fabuleux ; c'est la preuve qu'il a pris conscience du caractère surnaturel de ce qu'il voit.

D'autre part, Théramène est frappé par la bestialité de cette créature. Les adjectifs insistent sur sa force brutale : « furieux » (v. 1516), « sauvage » (v. 1522), « Indomptable », « impétueux » (v. 1519). Cette bête sauvage s'oppose ainsi à l'animalité domestiquée, apprivoisée des coursiers. Le monstre submerge et menace l'ordre de la normalité par l'irruption de la force aveugle.

Une bête terrifiante

Elle agresse les sens et d'abord l'ouïe. À deux reprises, le narrateur fait état de son cri « effroyable » (v. 1507), « redoutable » (v. 1510). Le cri engendre immédiatement l'effroi :

> Jusqu'au fond de nos cœurs notre sang s'est glacé
> (v. 1511).

L'odorat, lui aussi, est touché. C'est en répandant des vapeurs nauséabondes que, traditionnellement, les dragons terrassent leurs victimes. L'air « infecté » (v. 1523) rappelle cette particularité aussi extraordinaire que dangereuse.

Mais c'est surtout par son apparence que le monstre sème l'effroi. Le regard de Théramène a privilégié les attributs redoutables, l'armure d'« écailles » (v. 1518) qui rend la bête invulnérable et surtout les armes offensives, les « cornes menaçantes » (v. 1517) ; la croupe serpentiforme a frappé le narrateur : le vers 1520, avec le retour insistant des sonorités en [R], évoque phonétiquement les anneaux d'un reptile gigantesque :

> Sa croupe se recourbe en replis tortueux (v. 1520).

3. DE L'ORDRE AU CHAOS

Avec l'arrivée du dragon, on passe de l'ordre initial au désordre total. Les hommes sont gagnés par une panique générale. De plus, fait extraordinaire, le paysage subit une métamorphose complète.

Une panique générale

Dans sa forme, le discours de Théramène est encore marqué par l'émotion : foisonnement d'impressions à peine contrôlées et, à deux reprises (v. 1498-1500, v. 1519-1520), des ruptures syntaxiques[1]. Dans son contenu, le récit montre les effets dévastateurs de la peur. Ce qui était une escorte se défait dans la débandade : « Tout fuit [...] / chacun cherche un asile » (v. 1525-1526). Les « gardes » (v. 1499) ont abandonné leur maître dans un sauve-qui-peut général. L'attitude des chevaux s'est transformée. L'approche de la bête suscite des réactions incontrôlables :

> Des coursiers attentifs le crin s'est hérissé (v. 1512).

Les gens et les bêtes, réunis dans une épouvante commune, ne répondent plus qu'à l'instinct de survie.

La métamorphose du paysage

La transformation est décrite par différents procédés. On remarque d'abord l'utilisation de nombreux verbes d'action : « S'élève » (v. 1514), « approche », « se brise » (v. 1515) ; ils sont parfois renforcés par des effets d'opposition (« apporter » / « reculer », v. 1524) et surtout par l'emploi du présent de narration qui rompt nettement avec les imparfaits du début.

Par un second procédé – qu'on pourrait dire « de personnification » –, les éléments, l'eau, la terre, le ciel deviennent partie prenante dans le drame qui se prépare :

---

[1]. « À peine nous sortions des portes de Trézène, / Il était sur son char... » (v. 1498-1499) ; et « Indomptable taureau, dragon impétueux, / Sa croupe se recourbe en replis tortueux » (v. 1519-1520). Lorsqu'il y a ainsi rupture grammaticale, on parle d'anacoluthe.

Le ciel avec horreur voit ce monstre sauvage » (v. 1522) ;

Le flot, qui l'apporta, recule épouvanté (v. 1524).

Certains mots jouent – avec bonheur – sur deux registres. Par exemple, le verbe « trembler » appliqué au « rivage » (v. 1521) évoque à la fois une réaction de sensibilité et les premiers phénomènes d'un raz-de-marée. De même, l'expression « La terre s'en émeut » (v. 1523) traduit l'émotion et suggère aussi un séisme.

Enfin, on est frappé par la puissance de certaines images et, particulièrement, par celles des vers 1513 à 1516. La métaphore du « dos de la plaine liquide » transforme la mer tout entière en une créature gigantesque. Le verbe « vomir » fait surgir une image violemment animée, comme si la mer déversait, dans la fureur, le dragon qu'elle a elle-même enfanté. La Nature entière participe à ce terrifiant prodige.

CONCLUSION

Nous savons, depuis les premières répliques de la scène, qu'Hippolyte est mort ; l'intérêt du passage ne réside donc pas dans l'action mais dans la mise en place d'un certain climat. Ce climat, partant d'une ambiance de tristesse maîtrisée, débouche sur un fantastique grandiose mais inquiétant qui, nous l'avons vu, doit beaucoup à l'influence de l'art baroque. Toutefois, la perspective esthétique n'est pas gratuite ; elle est au service d'un projet. En effet, comme la passion qui ignore les bornes de la raison et de la morale, le dragon monstrueux remet en cause l'ordre universel. Il fait craindre la régression du cosmos (l'univers organisé) au chaos primitif de la force effrénée et des instincts. Ainsi, cet extrait, par des moyens neufs – sans recourir à l'analyse des sentiments –, montre, une fois encore, le danger des passions.

9 Acte V, scène 6
(vers 1527 à 1560)

Hippolyte lui seul, digne fils d'un héros,
Arrête ses coursiers, saisit ses javelots[1],
Pousse au monstre[2], et d'un dard[3] lancé d'une main sûre,
1530 Il lui fait dans le flanc une large blessure.
De rage et de douleur le monstre bondissant
Vient aux pieds des chevaux tomber en mugissant,
Se roule, et leur présente une gueule enflammée,
Qui les couvre de feu, de sang et de fumée.
1535 La frayeur les emporte ; et sourds à cette fois,
Ils ne connaissent plus ni le frein ni la voix.
En efforts impuissants leur maître se consume.
Ils rougissent le mors[4] d'une sanglante écume.
On dit qu'on a vu même, en ce désordre affreux,
1540 Un Dieu qui d'aiguillons[5] pressait leur flanc poudreux[6].
À travers les rochers la peur les précipite ;
L'essieu crie et se rompt. L'intrépide Hippolyte
Voit voler en éclats tout son char fracassé ;
Dans les rênes lui-même il tombe embarrassé.
1545 Excusez ma douleur. Cette image cruelle
Sera pour moi de pleurs une source éternelle.
J'ai vu, Seigneur, j'ai vu votre malheureux fils
Traîné par les chevaux que sa main a nourris.

---

1. Armes de jet.
2. S'élance à l'attaque du monstre.
3. Voir note 1.
4. Pièce métallique passée dans la bouche du cheval, aide à maîtriser la monture.
5. Sorte d'éperons pour faire avancer le cheval.
6. Flanc couvert de poussière.

Il veut les rappeler, et sa voix les effraie.
1550 Ils courent. Tout son corps n'est bientôt qu'une plaie.
De nos cris douloureux la plaine retentit.
Leur fougue impétueuse enfin se ralentit :
Ils s'arrêtent, non loin de ces tombeaux antiques
Où des rois ses aïeux sont les froides reliques[7].
1555 J'y cours en soupirant, et sa garde me suit.
De son généreux[8] sang la trace nous conduit :
Les rochers en sont teints ; les ronces dégouttantes[9]
Portent de ses cheveux les dépouilles sanglantes.
J'arrive, je l'appelle ; et me tendant la main,
1560 Il ouvre un œil mourant, qu'il referme soudain.

LECTURE MÉTHODIQUE

INTRODUCTION

Situation du passage

Le conflit tragique est désormais engagé. Neptune, a suscité un épouvantable prodige : un dragon monstrueux, sorti des flots, vient de semer une terreur générale. Seul Hippolyte fait face. Mais, malgré sa bravoure, il s'engage dans un combat inégal.

Mouvement du texte

Il suit l'ordre des péripéties : d'abord Hippolyte et le dragon (v. 1527-1530), puis le dragon et les chevaux (v. 1531-1536), ensuite Hippolyte et ses chevaux (v. 1537-1550), enfin douleur de l'assistance et mort d'Hippolyte (v. 1551-1560).

---

7. Restes.
8. De race noble.
9. D'où le sang tombe en gouttes (aucun sens péjoratif).

Axes de lecture

Le passage qui nous occupe pose le problème particulier du récit au théâtre, c'est-à-dire que les faits ne se passent plus directement sur scène ; ils sont racontés par un intermédiaire, le narrateur. Il est donc légitime de se demander comment le récit s'intègre dans le genre dramatique[1] et devient, à son tour, spectacle. Dans cette perspective, nous étudierons le passage sous trois angles. Dans un premier temps, nous nous intéresserons au point de vue du narrateur, c'est-à-dire aux modalités selon lesquelles il a enregistré la scène. Ensuite, nous nous pencherons sur les rapports entre action et narration : nous essaierons de comprendre par quelle alchimie ce long récit devient action à part entière. Enfin, nous nous interrogerons sur la fonction de cette narration : quelle est sa finalité dans l'économie de la pièce ?

1. LE POINT DE VUE DE THÉRAMÈNE

Dans son récit, Théramène apparaît comme quelqu'un qui non seulement voit tout, mais encore qui sait tout.

Il voit tout

Théramène a été un témoin privilégié : quelles que soient les péripéties de l'action, sa vision est minutieuse et totale. Son récit a souvent la fidélité d'un véritable reportage. Dès les premiers instants, le combat est rapporté à l'aide de détails circonstanciés : taille, emplacement du coup porté par Hippolyte :

> Il lui fait dans le flanc une large blessure (v. 1530).

Les réactions du dragon sont détaillées :

> [...] une gueule enflammée,
> Qui les couvre de feu, de sang et de fumée (v. 1533-1534).

---

[1]. On entend par là une œuvre littéraire destinée à la représentation théâtrale.

Ensuite, le narrateur, bien que réfugié dans « le temple voisin » (v. 1526), conserve l'acuité de sa vision (« Tout son corps n'est bientôt qu'une plaie », v. 1550). Malgré l'éloignement, il voit les matières les plus ténues, leur couleur (« sanglante écume », v. 1538). Un peu plus tard, il discerne les moindres traces de sang (v. 1556). Rien de ce qui se passe ne lui échappe.

Il sait tout

Théramène n'est pas seulement un témoin. Dans ce drame qui se déroule sous ses yeux, il ne se borne pas à dépeindre les acteurs de l'extérieur ; il lui arrive aussi de les appréhender de l'intérieur, en entrant dans leur subjectivité : ainsi pour la « rage » et la « douleur » du dragon (v. 1531). De même, le comportement des chevaux n'est pas seulement décrit, il est expliqué à partir de l'impression et de l'émotion que ressentent les animaux :

> La frayeur les emporte ; et sourds à cette fois,
> Ils ne connaissent plus ni le frein ni la voix (v. 1535-1536).

Enfin, Théramène interprète le moment présent à la lumière de ce qu'il sait du passé :

> Traîné par les chevaux que sa main a nourris (v. 1548).

Cette vision totale[1] qui saisit les faits, les êtres à la fois de l'extérieur et de l'intérieur, donne au passage sa dimension et son intensité.

2. L'ACTION DANS LA NARRATION

Au théâtre, le danger d'un récit, surtout lorsqu'il est long, et c'est le cas ici, c'est d'être froid et statique. En outre, s'agissant d'un passage qui frôle souvent le fantastique, il fallait éviter l'invraisemblance. Ces deux difficultés ont été surmontées. En effet, par son langage, nerveux et précis, le narrateur parvient à faire de son récit une action vivante et vraisemblable.

---

[1]. Ou « vision par en dessus » saisie par un narrateur « omniscient ».

Une action vivante

Le dynamisme est assuré principalement par l'utilisation des formes verbales. Contrairement à la première partie du récit (*cf.* texte 8), les verbes expriment, pour la plupart, l'action et le mouvement. Cette impression est renforcée par l'emploi du présent de narration. Ainsi, on prend la mesure de l'énergie déployée par les acteurs successifs du combat. Hippolyte est le sujet des verbes « saisir », « pousser », « faire » (v. 1528-1530). Nous voyons le monstre « bondir », « venir », « tomber », « se rouler » (v. 1531-1533), les chevaux « courir » (v. 1550), « s'arrêter » (v. 1553). Bien qu'il n'intervienne pas dans le combat proprement dit, Théramène est un témoin actif : « J'y cours » (v. 1555), « j'arrive, je l'appelle » (v. 1559).

Mais on observe encore que le procédé employé pour les êtres vivants vaut aussi pour d'autres éléments, les objets par exemple : « L'essieu crie et se rompt » (v. 1542) ; avec les yeux d'Hippolyte, nous voyons le char « voler en éclats » (v. 1543). Les termes abstraits eux-mêmes sont traités comme des forces agissantes : « La frayeur [...] emporte » (v. 1535), « la peur [...] précipite » (v. 1541). Tout est entraîné dans un mouvement général qui ne laisse aucun répit.

Une action vraisemblable

Théramène a conscience d'avoir assisté à une scène extraordinaire (v. 1539-1540). Mais, même s'il prend en compte le surnaturel, son récit privilégie des faits crédibles par la logique de leur déroulement et par leur ancrage dans le concret. Les phases de l'action s'enchaînent avec une rigueur implacable et chacune d'elles est rapportée à l'aide des mots les plus précis.

L'attaque du dragon, évoquée en termes empruntés à l'art militaire (« javelots », « Pousse au monstre », « dard », v. 1528-1529), cause la panique des chevaux. On notera au passage que, pris par le feu de l'action, Théramène abandonne le mot noble « coursiers » (v. 1528) pour le terme courant « chevaux » (v. 1532). Ensuite, sous l'empire de la peur, les chevaux s'emballent, insensibles au « frein » (v. 1536) et au « mors » (v. 1538). L'attelage devient alors une machine infernale où « L'essieu » (v. 1542) puis le « char » entier (v. 1543) cèdent, entraînant la chute dans les « rênes » (v. 1544). La mort, atroce, intervient au milieu des

« rochers » et des « ronces » (v. 1541 et 1557). Les mots sont précis, presque techniques. Ils font image dans le souvenir du narrateur et dans l'esprit de celui qui l'écoute.

3. FONCTION DE LA NARRATION

Témoin et narrateur, Théramène est aussi un personnage. À ce titre, il communique ses émotions, ses sentiments. On observe qu'il est présent dans son récit ; et ses propos portent les marques[1] de ce qu'il était, l'ami d'Hippolyte, des sentiments qu'il éprouve : admiration pour un prince valeureux, pitié douloureuse pour la victime innocente d'un sort atroce. Le récit de Théramène assume ainsi la fonction de l'oraison funèbre, c'est-à-dire du discours que l'on prononçait pour célébrer la mémoire de personnages illustres, en faisant leur éloge et en déplorant leur mort.

L'éloge du Prince

Dans son hommage, Théramène met en évidence les qualités qui faisaient d'Hippolyte le « digne fils d'un héros » (v. 1527). Le sang-froid du Prince est exceptionnel. Théramène le souligne par la formule d'insistance « Hippolyte lui seul » (v. 1527). Il rappelle aussi la solidité de sa technique au combat par la précision du « dard lancé d'une main sûre » (v. 1529).

Mais il s'attarde surtout sur son courage. Il le rapporte par des jugements de valeur intégrés au récit. Alors que la situation est désespérée, le Prince tente encore des « efforts impuissants » (v. 1537). Il est, jusqu'à la fin, « L'intrépide Hippolyte » (v. 1542), celui qui affronte le danger sans trembler. Il va mourir, certes, mais jusqu'au bout il aura fait honneur à son « généreux sang », c'est-à-dire aux illustres ancêtres dont il descend.

La déploration

Hippolyte et son confident étaient liés par une grande affection (*cf.* v. 66). On comprend dès lors que Théramène ait du mal

---

1. Ce sont les indices d'énonciation.

à contrôler son émotion. Déjà, au début de la scène, il n'avait pu retenir ses pleurs (*cf.* v. 1490). Puis il s'est repris. Mais, parvenu au moment de la chute fatale (v. 1544), il doit interrompre le déroulement linéaire de son récit. On le sent submergé par le chagrin :

> Excusez ma douleur. Cette image cruelle
> Sera pour moi de pleurs une source éternelle
>
> (v. 1545-1546).

Il revit la scène et exprime, par le seul futur du texte, qu'elle a marqué à jamais sa propre existence. Le vers suivant est plus touchant encore :

> J'ai vu, Seigneur, j'ai vu votre malheureux fils.

La reprise du verbe (« J'ai vu ») encadrant la respectueuse apostrophe (« Seigneur ») est proche du balbutiement. Les mots qui suivent sont d'une poignante sobriété. L'expression « votre malheureux fils » dit, dans sa simplicité, que Théramène a conscience de parler à son roi, mais surtout à un père qui sombre dans la douleur.

L'ampleur finale est donnée par le vers 1551 :

> De nos cris douloureux la plaine retentit.

On voit s'orchestrer les lamentations de l'assistance tout entière.

CONCLUSION

Ce récit pourrait démontrer, si besoin en était, l'utilité du « confident » dans le théâtre classique. En effet, on voit Théramène remplir le rôle indispensable d'informer, de rapporter ce qui s'est passé à l'extérieur. C'est-à-dire, en termes de dramaturgie, qu'il contribue à assurer la continuité du déroulement de l'intrigue.

Mais, ici, Théramène assume une autre fonction. Traité par Racine comme un personnage véritable, il arrive à nous faire partager ses sentiments. À travers la sensibilité du narrateur, le spectateur a pu, en même temps que Thésée, non seulement assister à la mort d'Hippolyte, mais encore vibrer à l'émotion qui s'en dégage.

10 Acte V, scène 7 (vers 1622 à 1654)

PHÈDRE.
    Les moments me sont chers[1], écoutez-moi, Thésée.
    C'est moi qui sur ce fils chaste et respectueux
    Osai jeter un œil profane[2], incestueux.
1625 Le ciel mit dans mon sein une flamme funeste ;
    La détestable Œnone a conduit tout le reste.
    Elle a craint qu'Hippolyte, instruit de ma fureur,
    Ne découvrît[3] un feu qui lui faisait horreur.
    La perfide, abusant de ma faiblesse extrême,
1630 S'est hâtée à vos yeux de l'accuser lui-même.
    Elle s'en est punie, et, fuyant mon courroux,
    A cherché dans les flots un supplice trop doux.
    Le fer[4] aurait déjà tranché ma destinée ;
    Mais je laissais gémir la vertu soupçonnée[5].
1635 J'ai voulu, devant vous exposant mes remords,
    Par un chemin plus lent descendre chez les morts.
    J'ai pris, j'ai fait couler dans mes brûlantes veines
    Un poison que Médée[6] apporta dans Athènes.
    Déjà jusqu'à mon cœur le venin parvenu
1640 Dans ce cœur expirant jette un froid inconnu ;

---

1. Précieux car Phèdre sait que sa mort est proche.
2. Regard de convoitise impure.
3. Ne révélât.
4. L'épée (celle d'Hippolyte était restée aux mains de Phèdre, *cf.* v. 710-711).
5. Vers 1633-1634 : Phèdre aurait choisi un moyen rapide de se donner la mort (l'épée) si elle n'avait craint de laisser Hippolyte injustement accusé.
6. Célèbre magicienne de l'Antiquité. Délaissée par son époux, Jason, et chassée de Corinthe, elle était venue à Athènes. Après avoir épousé Égée, elle avait tenté de se débarrasser de Thésée, son beau-fils.

> Déjà je ne vois plus qu'à travers un nuage
> Et le ciel et l'époux que ma présence outrage ;
> Et la mort, à mes yeux dérobant la clarté,
> Rend au jour, qu'ils souillaient, toute sa pureté.

PANOPE.

1645 Elle expire, Seigneur !

THÉSÉE.

> D'une action si noire
> Que ne peut avec elle expirer la mémoire !
> Allons, de mon erreur, hélas ! trop éclaircis,
> Mêler nos pleurs au sang de mon malheureux fils.
> Allons de ce cher fils embrasser ce qui reste,
> 1650 Expier la fureur d'un vœu que je déteste.
> Rendons-lui les honneurs qu'il a trop mérités ;
> Et pour mieux apaiser ses mânes[7] irrités,
> Que malgré les complots d'une injuste famille,
> Son amante aujourd'hui me tienne lieu de fille.

COMMENTAIRE COMPOSÉ

INTRODUCTION

Situation du passage

Nous sommes à la dernière scène. La tension est à son comble. Thésée vient d'apprendre le suicide d'Œnone, l'égarement de la reine (*cf.* v. 1480). Il vient d'écouter, accablé de chagrin, le récit de la mort d'Hippolyte. Ce père, qui avait si promptement condamné son fils, sent le doute monter en lui. C'est le moment où Phèdre paraît et confirme la cruelle vérité : Hippolyte n'était point coupable.

---

[7]. Les *mânes* étaient les esprits des morts. Thésée désigne ainsi l'âme d'Hippolyte qui ne trouvera la paix que lorsqu'on lui aura rendu justice.

Mouvement du texte

Le récitatif de Phèdre est consacré d'abord à la réhabilitation d'Hippolyte (v. 1622-1632), puis à sa propre mort (v. 1633-1644). Dans la réplique de Thésée se succèdent une brève condamnation de Phèdre (v. 1645-1646) et ses intentions pour réparer sa tragique erreur (v. 1647-1654).

Axes de lecture

Le dénouement amène le pathétique à son point culminant puisque l'on assiste à la mort de Phèdre. Mais tout n'est pas éclairci pour autant car cet ultime face à face entre les deux époux pose une question essentielle : dans le malheur qui les accable tous deux, quelle est la part de la fatalité et celle de la responsabilité ? Enfin, il faut aussi se demander dans quelle mesure la crise tragique, et sa résolution, contribuent à l'accomplissement des personnages.

1. LA MORT DE PHÈDRE

Œnone s'est jetée dans la mer. Hippolyte a été broyé par son attelage. Phèdre, à son tour, meurt. Mais, à la différence des deux premières morts qui étaient racontées, la troisième est représentée ; car, fait très rare dans la tragédie classique, Phèdre vient expirer sous les yeux des spectateurs. Cette représentation des derniers instants de l'héroïne implique que l'on puisse croire au suicide et que celui-ci ne choque pas la sensibilité. C'est-à-dire que la mort de Phèdre doit concilier la vraisemblance et la bienséance.

La vraisemblance

La crédibilité de la scène doit beaucoup au moyen choisi par Phèdre pour mettre fin à ses jours : le poison. Elle en justifie tout à fait logiquement la possession :

> Un poison que Médée apporta dans Athènes (v. 1638).

Elle en décrit les effets cliniquement vraisemblables : impression de froid due au ralentissement de la circulation sanguine (« Dans ce cœur expirant jette un froid inconnu », v. 1640) puis disparition progressive de la vue (« Déjà je ne vois plus qu'à travers un nuage », v. 1641 ; « Et la mort, à mes yeux dérobant la clarté », v. 1643). En outre, on peut admettre que les effets du poison interviennent en temps réel ; c'est-à-dire que Phèdre dit son agonie dans la durée exacte où elle la vit, ce qui ajoute à la vraisemblance.

La bienséance

Cependant, à aucun moment on ne tombe dans le réalisme. Le langage de la tragédie sait adoucir ce qui est pénible et suggérer ce que l'on évite de montrer. Deux procédés y contribuent.

Le premier est l'usage des figures de style. Par exemple, si on analyse le vers 1636 :

> Par un chemin plus lent descendre chez les morts,

on relève deux métaphores : « chemin » et « descendre », mots courants, qui appartiennent au domaine du déplacement et infléchissent le processus de la mort vers un itinéraire presque banal. On relève aussi un euphémisme (on couvre ainsi d'un voile agréable une réalité cruelle) : l'expression « chez les morts » suppose un autre monde, gage consolant d'une certaine forme de survie.

Le second procédé est l'emploi de sonorités expressives. Au fur et à mesure qu'il progresse, le récitatif de Phèdre se fait de plus en plus étouffé. À partir du vers 1625 dominent les sonorités assourdies des voyelles nasales (ɑ̃), (õ), (ẽ) et de discrètes allitérations[1] en [F] en [M] et [N].

> Déjà jusqu'à mon cœur le venin parvenu (v. 1639).

Ces sons feutrés, évoquant le chuchotement, sont mis en valeur par un rythme régulier jusqu'à la monotonie. Tout cela suggère l'épuisement des forces vitales.

---

1. Répétition expressive de consonne.

2. FATALITÉ ET RESPONSABILITÉ

L'œuvre est tissée sur la trame des aveux : ceux d'Hippolyte (à Théramène, à Aricie, à Thésée), ceux de Phèdre surtout, à Œnone, à Hippolyte et, ici enfin, à Thésée. Chacun de ces aveux pose de façon de plus en plus poignante la question de l'innocence et de la culpabilité des personnages ; c'est-à-dire de la fatalité et de la responsabilité. Et, à quelques instants du dénouement, le thème de la faute avouée, assumée ou rejetée, sépare et, en même temps, rapproche Phèdre et Thésée.

La fatalité

Phèdre et Thésée ont tous deux été persécutés par les dieux. Pourtant, l'ultime aveu de Phèdre prend les apparences d'une confession. Elle semble se reconnaître coupable :

> C'est moi qui sur ce fils chaste et respectueux
> Osai jeter un œil profane, incestueux (v. 1623-1624).

Mais, immédiatement après avoir rétabli la vérité, Phèdre accuse « le ciel », rappelant ainsi la haine dont la déesse Vénus poursuit sa famille. Mais Phèdre a contribué à son propre malheur. En effet, croyant Hippolyte incapable d'aimer, elle s'est abaissée jusqu'à implorer l'aide de sa persécutrice :

> Hippolyte te fuit [...]
> Déesse, venge-toi : nos causes sont pareilles (v. 819-822).

Cette prière insensée, Vénus ne l'a que trop exaucée.

Thésée, pour sa part, a été encore plus imprudent. Il reconnaît sa responsabilité, son « erreur » (v. 1647). N'a-t-il pas réclamé lui-même à Neptune le châtiment suprême pour Hippolyte :

> Je t'implore aujourd'hui. Venge un malheureux père.
> J'abandonne ce traître à toute ta colère (v. 1073-1074).

C'est cette imploration qui a déchaîné sur l'infortuné Hippolyte les terribles violences de Neptune. Et même si, maintenant, Thésée regrette ce « vœu » qu'il « déteste » (v. 1650), peut-on vraiment parler de fatalité ?

La responsabilité

Elle apparaît nettement lorsque l'on considère le comportement de Phèdre et de Thésée au niveau humain.

Alors qu'elle est tout près de mourir, Phèdre cherche encore à se disculper ; outre le « ciel », elle accuse Œnone : « La détestable Œnone a conduit tout le reste » (v. 1626). Cependant, accabler sa nourrice, c'est oublier qu'elle lui avait laissé toute latitude d'accuser Hippolyte (« Fais ce que tu voudras, je m'abandonne à toi », v. 911) ; c'est oublier, surtout, qu'elle a, seule, laissé son époux dans l'erreur (*cf.* acte IV, scènes 4 et 5).

Jusqu'au bout, Phèdre se ressent plus comme une victime que comme une coupable. Partagée entre la lucidité et l'aveuglement, elle apparaît bien comme la concevait Racine « ni tout à fait coupable, ni tout à fait innocente » (*cf.* Préface de l'œuvre). Ce n'est pas son côté le moins attachant.

Thésée, on l'a vu, est plus clairvoyant. Il juge impitoyablement ce que Phèdre a commis :

> [...] D'une action si noire
> Que ne peut avec elle expirer la mémoire (v. 1645-1646).

Mais il n'élude pas sa propre responsabilité. Il est significatif qu'à ce moment, pour désigner sa faute, Thésée parle de sa « fureur » (v. 1650), comme Phèdre (v. 1627). Ce mot qui, dans le contexte, signifie « excès poussé jusqu'à la folie », exprime une similitude dans la faute : excès de passion chez Phèdre, excès de colère chez Thésée. Ils ont, tous deux, à un certain moment, perdu le sens de la mesure sans laquelle les humains risquent de retourner à la bestialité.

3. ACCOMPLISSEMENT DES PERSONNAGES

Hippolyte est mort de façon atroce, Phèdre succombe, Thésée demeure seul, accablé par le chagrin et les remords. Pourtant, malgré tant de malheurs accumulés, ou à cause de ces malheurs, trois personnages, vivants ou morts, ont acquis, au moment du dénouement, leur véritable dimension. La souffrance apparaît comme la condition, imposée par le destin, pour qu'ils deviennent enfin eux-mêmes.

Hippolyte

Il est réhabilité et il est glorifié. Phèdre révèle l'innocence de « ce fils chaste et respectueux » (v. 1623). Les deux adjectifs dissipent complètement l'accusation d'inceste.

Mais, lorsqu'à son tour Thésée prend la parole, c'est pour rendre à son fils un hommage total :

> Rendons-lui les honneurs qu'il a trop mérités (v. 1651).

Par ces mots, il reconnaît la pureté morale d'Hippolyte mais aussi sa bravoure. Car, bien que vaincu par le monstre, Hippolyte s'est conduit en « digne fils d'un héros » (v. 1527). Ainsi, les derniers moments de la pièce ajoutent un épilogue consolant au récit fait par Théramène. Le jeune prince a été innocenté par Phèdre. À présent, ce père prestigieux qu'il aimait et enviait lui rend pleinement justice. Hippolyte est enfin devenu, lui aussi, un héros.

Phèdre

Phèdre avait fait ses précédents aveux malgré elle, cédant aux pressions d'Œnone (acte I, scène 3), puis, incapable de se contenir face à Hippolyte (*cf.* v. 654). À cause de ces faiblesses, elle s'était placée dans une situation de dépendance et de crainte : laissant à sa nourrice l'initiative de la calomnie, vivant sous la menace qu'Hippolyte révélât tout à Thésée.

Par la mort d'Œnone et d'Hippolyte, Phèdre vient d'accéder à l'autonomie. Elle est seule, libre de parler ou de se taire. Aussi ce dernier aveu porte-t-il les marques d'une volonté enfin maîtrisée : « C'est moi qui », « J'ai voulu », « J'ai pris », « j'ai fait couler » (v. 1623, 1635 et 1637). On sent dans ses paroles une sérénité nouvelle ; Phèdre est aux portes de la mort, elle est désormais hors d'atteinte. Elle réalise enfin l'intention qu'elle manifestait à l'acte I (v. 314-316), qu'elle réitérait à l'acte IV (v. 1293-1294) : en finir avec la vie. Cet ultime aveu est le signe qu'elle adhère à son destin qui était d'aimer, de souffrir et d'en mourir.

Thésée

C'est avec le personnage de Thésée que l'on a l'évolution la plus riche. Hippolyte l'avait présenté (acte I, scène 1) comme un être d'exception trop brillant, trop lointain pour toucher la sensibilité. Son apparition à l'acte IV le montrait à la fois redoutable et faible : terrible jusqu'à la démesure mais crédule. On le voyait dupe des mensonges d'Œnone, femme de condition servile.

L'acte V le révèle plus fragile mais plus proche, vulnérable à l'incertitude. Il doute de Neptune et de lui-même :

> J'ai peut-être trop cru des témoins peu fidèles,
> Et j'ai trop tôt vers toi levé mes mains cruelles (v. 1485-1486).

La mort de son fils précipite son évolution. Il exprime ses sentiments paternels avant même d'être sûr de l'innocence d'Hippolyte. Et, lorsqu'il apprend la vérité, son désespoir éclate :

> Allons [...]
> Mêler nos pleurs au sang de mon malheureux fils.
> Allons de ce cher fils embrasser ce qui reste (v. 1647-1649).

Ainsi le héros s'est trompé, le familier des Dieux a été, cruellement pris à son propre piège. La fin de la scène révèle un nouveau Thésée, père malheureux, prêt à oublier ses rancunes et à aimer Aricie comme sa fille. Il est devenu un homme comme les autres. C'est à ce moment, le dernier, que Thésée nous émeut vraiment.

CONCLUSION

Phèdre vient d'expirer. Avec elle s'est éteinte la « flamme funeste » (v. 1625) de sa passion malheureuse et meurtrière. Le jour retrouve « toute sa pureté » (v. 1644). Ce retour à la lumière symbolise, peut-être, la victoire du Bien sur le Mal, et en tous les cas, du normal sur le monstrueux. Tout peut, à présent, rentrer dans l'ordre de la morale. Et bien que l'action s'achève par trois morts (Hippolyte, Œnone et Phèdre), la fin de l'œuvre ne se referme pas sur le malheur. Les dernières paroles de Thésée sont porteuses d'espoir : sa réconciliation avec Aricie est une promesse de justice dans un apaisement retrouvé. Quant à nous, nous quittons des personnages qui, jusqu'à la fin, nous auront donné à réfléchir sur la condition humaine. Ils nous ont fascinés par leur dimension fabuleuse et touchés par leur humanité.

LITTÉRATURE

THÈMES ET QUESTIONS D'ENSEMBLE

- 94 La nature : Rousseau et les romantiques
- 95 La fuite du temps, de Ronsard au XX° siècle
- 97 Voyage et exotisme au XIX° siècle
- 98 La critique de la société au XVIII° siècle
- 106 La rencontre dans l'univers romanesque
- 111 L'autobiographie, de Montaigne à Nathalie Sarraute
- 130 Le héros romantique
- 137 Les débuts de roman
- 155 La critique de la guerre

HISTOIRE LITTÉRAIRE

- 114/115 50 romans clés de la littérature française
- 119 Histoire de la littérature en France au XVI° siècle
- 120 Histoire de la littérature en France au XVII° siècle
- 139/140 Histoire de la littérature en France au XVIII° siècle
- 123/124 Histoire de la littérature et des idées en France au XIX° siècle
- 125/126 Histoire de la littérature et des idées en France au XX° siècle
- 128/129 Mémento de littérature française
- 127 La littérature fantastique en France
- 116 25 romans clés de la littérature négro-africaine
- 117/118 La littérature canadienne francophone
- 151/152 Le théâtre Problématiques essentielles

HORS SÉRIE

- 1000 Guide des Profils pour la recherche des idées à partir de la collection « Profil »

FORMATION

EXPRESSION ÉCRITE ET ORALE

- 306 Trouvez le mot juste
- 307 Prendre la parole
- 308 Travailler en groupe
- 309 Conduire une réunion
- 310 Le compte rendu de lecture
- 311/312 Le français sans faute
- 323 Améliorez votre style, tome 1
- 365 Améliorez votre style, tome 2
- 342 Testez vos connaissances en vocabulaire
- 426 Testez vos connaissances en orthographe
- 390 500 fautes de français à éviter
- 391 Écrire avec logique et clarté
- 395 Lexique des faux amis
- 398 400 citations expliquées
- 415/416 Enrichissez votre vocabulaire
- 424 Du paragraphe à l'essai
- 425 Les mots clés de la mythologie

LE FRANÇAIS AUX EXAMENS

- 422/423 Les mots clés du français au bac
- 303/304 Le résumé de texte
- 417/418 Vers le commentaire composé
- 313/314 Du plan à la dissertation
- 324/325 Le commentaire de texte au baccalauréat
- 394 L'oral de français au bac
- 421 Pour étudier un poème

BONNES COPIES DE BAC

- 317/318 Bonnes copies Le commentaire composé, tome 1
- 349/350 Bonnes copies Le commentaire composé, tome 2
- 319/320 Bonnes copies Dissertation, essai, tome 1
- 347/348 Bonnes copies Dissertation, essai, tome 2
- 363/364 Bonnes copies, Technique du résumé et de la discussion

---

Imprimé en France par l'Imprimerie Hérissey - 27000 Évreux
Dépôt légal : n° 14180 - Août 1994 - N° d'impression : 66220